那些成語典故中的戰爭大小事

歐陽翰，周治——主編

史記 × 左傳 × 三國志 × 戰國策，

穿梭於先秦到晚清的文化典籍，87 個引人深思的歷史故事

軍事故事 × 歷史事件 × 古人智慧

——浩如煙海的成語典故，含義豐富的經典戰役

目錄

目錄

目錄

前言

典故，就是古書中的經典故事。每一個典故大致由出處、故事、含義三部分組成。中華文化淵源流傳，每一個典故的背後，都有一個激動人心、引人思索的歷史故事。

典故在今天得到很多人的喜愛，家族不斷壯大，是因為它語言凝煉、涵義豐富，每個典故的背後都包含著一個或扣人心弦、或感人肺腑、或發人深省、或耐人尋味、或沁人心脾的故事。

典故這個名稱，由來已久。最早可追溯到漢朝的《後漢書．東平憲王蒼傳》：「親屈至尊，降禮下臣，每賜宴見，輒興席改容，中宮親拜，事過典故。」典故依據

字典解釋：一是典制和掌故；二是詩文中引用的古代故事和有來歷的詞語。典故中的典是典籍的意思，顧名思義，典故也可解釋成典籍中的故事和詞句。因此，它偏重書面化、正規化，是正統文學的一個分支。典故運用很精鍊的語言概括了整個故事的大概，以成語等固定的詞或短語約定俗成了下來。譬如刻舟求劍、掩耳盜鈴、守株待兔、邯鄲學步、畫蛇添足等等，令人一目瞭然，一讀題目就知道是什麼意思、說了怎樣的一個故事。所以，典故通常與成語緊緊連繫在一起。成語是人們在長期使用語言過程中形成的固定詞組或短語。成語典故是漢語詞彙中的特殊部分，它們結構簡練、含義豐富，有較強的表現力和感染力。但是，許多成語典故中，字面上不易準確理解，必須認真加以查考。這是成語典故逐漸被人們遺忘和棄用的主要原因。

典故的來源大致有三個：一是來源於民間故事、傳說、民間習俗、神話、歷史上的著名事件，或是某個地名等。如傳說古時候有個叫嫦娥的女人偷吃了長生不老的藥，但她吃得多了點，就不由自主地飛到月亮上去了。這就是典故「嫦娥奔月」的由來；二是來源於一些歷史書上或文學作品中的故事和人物。如古代有個叫謝靈運的詩人，說世界上所有人的才華加起來要有十斗的話，曹植一個人就占了八斗。

他自己一斗，天下人共分一斗。後來人們就稱才華超出普通人很多的人為「才高八斗」；三是來源於佛經、聖經等宗教書上的故事、人物、禮儀等。如「天女散花」這個典故來源於佛經，後來常用來形容下雪、落花地的情形。「替罪羔羊」這個典故來源於聖經，喻指為代替別人承擔過錯的人。

中華文明源遠流長，歷史文化典籍中的典故也是數不勝數。本書編者在先秦到晚清的文化典籍中穿梭往來，精選出數千則典故，並對每則典故的出處、故事、含義、用法進行了詳解。為了方便讀者查閱，根據含義的異同對這些典故進行了分類，使讀者用起來方便快捷、得心應手。一書在手，盡覽中國語言文化的博大精深。

在浩如煙海的典故大家庭中，很多典故雖然大家用慣熟習了，但往往有些知其然而不知其所以然。所以，我們平時在閱讀、寫作等過程中，一定要注重典故的典源和釋義。不積細流無以成江河，不積跬步無以至千里，讓我們活學活用、邊學邊用、學以致用，在實踐中不斷學習、不斷掌握豐富的中華典故吧！

本書精選中華典故故事，並根據具體思想內涵進行相應歸類，每個典故包括詮釋、出處和故事等內容，具有啟迪性、智慧性和內涵性。

前徒倒戈

「前徒倒戈」比喻軍隊背叛，調轉槍口攻擊自己。

此典出自《尚書．武成》：「會於牧野，罔有敵於我師，前徒倒戈，攻於後以北，血流漂杵。」

商紂王是個暴虐的國君。人民非常痛恨他。

當時，周國是商朝的附屬國。周文王勵精圖治，積極準備力量，決心消滅紂王。他善於籠絡人心，因此許多諸侯國都背離商朝，歸附了周國。

周文王死後，他的兒子武王繼位。周武王決心繼承父親遺志，完成滅商大業。西元前一〇六六年，武王率領兵士四萬五千人，勇士三千人，戰車三百輛，討伐商紂王。各諸侯國紛紛起來響應。

周武王指揮大軍向商朝別都朝歌，（現在河南省淇縣）發起猛烈進攻，攻到牧野，（現在河南省汲縣北部），距朝歌七十里路。周武王在牧野召開誓師大會，列舉了紂王的種種罪狀，號召將士團結戰鬥，奮勇殺敵。

當時，商紂王正在宮中和妃子飲酒取樂，突然聽到這個消息，驚慌不已，匆忙率領七十萬大軍，趕到牧野迎戰。商軍官兵不願替紂王打仗，戰鬥一開始，紂王前鋒部隊的士兵就配合周軍，掉轉矛頭向紂王殺去。結果商軍大敗，死傷無數，屍體堆積如山，血流成河，把木杵都漂起來了。紂王走投無路，自焚而死。從此，商朝滅亡。

驕兵必敗

「驕兵必敗」意思是認為自己強大而輕敵的驕橫軍隊必定要打敗仗。

此典出自《漢書・魏相傳》：「恃國家之大，矜民人之眾，欲見威於敵者，謂之驕兵，兵驕者滅。」

魏相，字弱翁，濟陰定陶（今山東定陶西北）人，西漢大臣，曾任河南太守、大司農、御史大夫、丞相等職。

西元前六十八年，宣帝劉詢派侍郎鄭吉、校尉司馬熹，領兵攻打西北邊境的車師國。車師王請求匈奴救援，匈奴沒有及時派兵支援，因此車師國投降漢朝。

後來，匈奴派騎兵襲擊車師。鄭吉派人突圍，送去一道奏疏給漢宣帝，請求派兵支援。

漢宣帝召集群臣商議這件事。將軍趙充國主張趁當時匈奴勢弱，派兵攻打匈奴右翼，使匈奴再不能襲擾西域。丞相魏相不同意派兵出戰，他上書進諫，陳述自己的見解。他說：「近年，匈奴沒有侵犯我們邊境。現在為了車師，就要去攻打匈奴，這是沒有道理的。現在，邊境上的老百姓生活很困難，沒有衣服穿，只能穿著羊皮、狗皮，沒有糧食吃，只能吃草籽，怎能輕易興兵打仗呢？國內連年遭災，收成不好；郡縣的許多官吏不稱職，風俗、道德也很成問題，兒子殺父親，妻子殺丈夫的案件經常發生。我認為現在最主要的任務是處理好國內的事情，應當首先整頓朝政，任用賢能，這才是大事。即使這次出兵打了勝仗，後患也是無窮的。仗著國大人多而對外炫耀武力，這就是驕橫的軍隊，軍隊驕橫必定要滅亡。」漢宣帝採納了魏相的正確意見，決定暫不去攻打匈奴，就派兵接應鄭吉的軍隊返回渠犁。

金城湯池

「金城湯池」有時也寫作「固若金湯」，比喻城防堅固，極難攻入。

此典出自《漢書・蒯通傳》：「先下君而君不利（之），則邊地之城皆將相告曰：『范陽令先降而身死』，必將嬰城固守，皆為金城湯池，不可攻也。」

秦末，陳勝領導的農民起義軍打下陣縣（今河南淮陽）後，派一個叫武臣的人當將軍，帶三千士兵渡過黃河，攻打河北各地。武臣一過黃河，就開始攻打城池，招兵買馬，使起義軍的力量迅速擴大。但也有很多城池防守嚴密，守城者據城固守。東郡范陽是起義軍攻打的下一個目標。范陽令徐公非常害怕，命令士兵日夜加強守備。有個叫蒯通的人來見徐公，請求徐公派他去見武臣，以免城破人亡。於是徐公就派蒯通去見武臣。他見了武臣後說：「你知道范陽令徐公為什麼不肯投降嗎？他怕即使投降了也被你殺掉。如果你真的把已投降的徐公殺了，那麼其他各城池的守將就會互相轉告說：『反正投降也是死，還不如據城固守。』一旦這樣，那些城池就可能像金城湯池（金屬鑄造的城郭，滾燙的護城河）一樣堅固，再攻打就難了。如果你能優待徐公，其他城池的守將定會紛紛投降。」武臣接受了蒯通的建議，優待了范陽令徐公。其他城的守將看到這種情形，果然紛紛都投降了，武臣輕而易舉地，就得到了三十多座城池。

弭兵之會

弭兵之會反映了春秋末期諸侯割據、爭做霸主的矛盾衝突。比喻透過會議、談判化干戈為玉帛。

此典出自《左傳．襄公二十七年》：「宋向戌善於趙文子，又善於令尹子木，欲弭諸侯之兵以為名。」又「子產相鄭伯以如晉，晉侯以我喪故，未之見也。子產使盡壞其館之垣而納車馬焉。」

春秋時期，衛國的衛獻公殺掉寧喜，公子鮮出奔晉國時，衛國大夫石惡正奉寧喜之命與各國大夫在宋國開弭兵之會。那時各國諸侯召開會議，像齊桓公、晉文公、宋襄公、秦穆公、楚莊王，各個諸侯都親自與會，因為當時列國爭端主要是諸侯的兼併戰爭。而諸侯在兼併戰爭中，必須依靠他們的手下，只好把新取得的土地分別賞賜給立下汗馬功勞的大夫，因此真正從兼併戰爭中得到好處的實際上是諸侯手下的大夫。他們從戰爭中得到了土地，透過盤剝農民累積了大量的財富。後來大夫的勢力愈來愈大，絕大多數的諸侯反而做了掛名國君，正如周天子做了掛名天子控制不了諸侯一樣。

在經濟進一步發展中，為了擴張各自的勢力，這些大夫之間也進行兼併戰爭。列國的戰爭由此演變成大夫的兼併戰爭。前來參加會議的也是各國大夫，如：晉國趙武、楚國屈建、宋國向戌、魯國叔孫豹、衛國石惡、蔡國公孫歸生、陳國孔奐、鄭國良霄等。從此以後，列國的戰爭變成大夫和大夫之間的戰爭了。這次會議實際上是晉國和楚國分配勢力的會議。晉、楚兩國可以說是南北兩個集團的領袖，都有獨立的勢力範圍。魯、衛、鄭、曹、邾、莒、滕、薛等是在楚國的勢力範圍內；蔡、陳、許、沈（河南省汝陽東）等是在楚國的勢力範圍內；其餘像宋、齊、秦等大國，誰也不屬誰，可以說是獨立自主的諸侯國。

三大國中，宋國是會議的發起人，當然參加大會。但齊、秦兩國都沒參加會議。大會一致決議：原來受晉國保護的國家也得朝聘楚國，而原來受楚國保護的國家也得朝聘晉國；凡是破壞盟約先出兵的，各國就共同去攻打它。這樣，一向被中原諸侯視為「蠻族」的楚國，便正式被承認為霸主，猶如晉國是霸主一樣。而楚國屈建仍覺得不滿意，他對宋國向戌說：「兩個盟主怎麼行得通呢？到底誰是第一，誰是第二呢？請你先跟晉國說明白，歃血為盟的時候，必須讓楚國在先。」向戌只好去見趙武。他見了趙武，難於開口，只好由他手下的人傳話。趙武一聽，如果答應他，晉國的地位就降低了；如果不答應他，這個「弭兵之會」大概就將變成「開戰會議」了。但楚國的態度如此強硬，非占上風不可。趙武雖想屈服，卻又怕授人話柄。

晉國大夫想出個好主意，他對趙武說：「霸主靠德行服人，武力是次要的。我們只要有德行，即便讓楚國占了上風，諸侯依然會佩服我們。再說這次會合各國大夫原本為了平息戰爭，不打仗，大家都有利。為爭先後排名次而打起來，豈不喪失了弭兵之會的意義？只要大家有利，退讓一步又有什麼關係呢？」這番話說中了趙武的心事。因為當時晉國的六家大夫（趙氏、范氏、智氏、中行氏、韓氏、魏氏）內部競爭非常激烈，無法兼顧跟楚國相爭。於是，趙武答應了楚國的要求。

衛國石惡和各國大夫訂完盟約，正要回去，忽然聽到衛獻公殺了寧喜的消息。由於石惡是寧喜的同黨，所以他無法回去了，只好隨趙武到晉國去。

鄭國大夫良霄回鄭國後，根本不把鄭簡公放在眼裡。不久，鄭國國內其他的公子為了爭權奪利互相殘殺，良霄也死在內亂之中。周景王二年，鄭簡公拜子產（又名公孫僑）為大夫。子產是一位比較開明的政治家，他執政以前，就已經受到了許多人的崇拜。西元前五六三年，鄭國有一批奴隸起來暴動，殺了幾個有權有勢的大夫，要求當時執掌鄭國政權的子孔燒毀丹書。子孔想用暴力鎮壓，將起事的人全殺掉。子產阻止他說：「千萬不能這樣做啊！您乾脆依照眾人的要求把丹書燒了吧！」子孔說：「如果眾人反抗就屈從他們，那不等於是由眾人執政嗎？國家還治得了嗎？」子產說：「眾怒難犯。在這危急時刻，如果您堅持獨斷專行，可太危險了。在我看來，不如燒了丹書，安定人心要緊！」子孔不禁心虛起來，聽從了子產的勸告，在倉門外把丹書燒了。一場暴動，就這樣平息下來，很多奴隸獲得了自由。人們都盛讚子產的精明能幹。

地利人和

「地利人和」用來比喻地理條件和群眾基礎都好。

此典出自《孟子．公孫丑下》：「天時不如地利，地利不如人和。」

孟軻，一是戰國時的一位思想家，是孔子學說的繼承者和發揚者。他意識到民心向背的重要性，提出以「仁政治國」和「民貴君輕」的政治觀點，宣揚「勞心者治人，勞力者治於人」的思想。

孟軻的政治主張、哲學理論等收集在《孟子》一書中。「地利人和」這篇文章，見於《孟子．公孫丑》的下篇。文中，孟軻論述了戰爭的勝負取決於人心向背的道理，重點強調了「人和」在戰爭中的重要性，指出天時有利不如地形有利重要，地形有利不如得人心重要。

巧退秦兵

「巧退秦兵」這個典故比喻愛國主義精神。

此典出自《淮南子．人間訓》：「秦穆公使孟盟舉兵襲鄭，過周以東，鄭之賈人弦高，蹇他相與謀曰：『師行數千里，數絕諸侯之地，其勢必襲鄭。凡襲國者，以為無備也，今示以知其情，必不敢進。』乃矯鄭伯之命，以十二牛勞之。三率相與謀曰：『凡襲人者，以為弗知，今已知之矣，守備必固，進必無功。』乃還師而反。」

這段話意思是說：秦穆公派孟盟等出兵偷襲鄭國。軍隊來到鄭國東西，鄭國的商人弦高和蹇他共同商議說：

「秦國的軍隊已經遠征幾千里，頻繁攻克了很多國家，看他們的趨勢，一定是要偷襲我們鄭國。只要是偷襲其他國家的人都以為那個國家不知道要被偷襲，沒有準備。如果我們說明知道了他們的真情，他們一定不敢再前進，這樣就可保住鄭國不受到侵略。」

於是弦高和蹇他就假裝是受鄭王的命令，用十二頭牛，去慰勞秦軍。秦國的三個統帥覺得非常奇怪，認為鄭國已經發覺了就互相商議說：

「凡是偷襲別國，都是因為對方不知道。現在人家已經知道了，專門派人來慰勞，那就一定加強防守了，所以，再按原計畫行動，可能就不會有好結果了。」於是就退兵回國了。

號令如山

「號令如山」的意思是，發出的軍令像山那樣不可更移，人們用它形容軍紀森嚴。

此典出自《宋史．岳飛傳》：「岳節使號令如山，若與之敵，萬無生理，不如往降。節使誠信，必善遇我。」

西元一一二九至一一三〇年，金兀朮率軍深入長江以南沿海地區，企圖一舉消滅南宋政權。但是，遭到了「岳家軍」的頑強抵抗。岳飛率領的「岳家軍」，多次打敗金兵，立下了卓越的戰功。

宋高宗紹興五年，岳飛出任鎮寧、崇信軍節度使，湖北路和荊、襄、譚州制置使，封為武昌郡開國侯；後來又出任荊湖南北、襄陽路制置使，神武後軍都統制。皇帝下詔，命令岳飛征討賊人楊么。岳飛所率領的將士都是西北人，不習慣水戰，岳飛說：「用兵之道，哪有什麼不變的規矩？只是看你如何運用罷了。」於是岳飛首先派遣使者去招降楊么賊黨。

賊黨黃佐說：「岳節度使軍紀森嚴，發出的軍令像山那樣不可更移，如果與這樣的軍隊打仗，絕對不會有好下場，不如前往歸降。岳節度使誠實守信，一定會友善地對待我們。」於是，楊么投降了。

鳴鼓而攻

人們用「鳴鼓而攻」表示公開宣布罪狀，加以聲討。

此典出自《論語．先進》：「季氏富於周公，而求也為之聚斂而附益之。子曰：『非吾徒也，小子鳴鼓而攻之可也。』」

春秋時期，魯國的季孫氏、仲孫氏和叔孫氏勢力很強大。西元前五六二年，這三家將公室（即魯國國君直轄的土地和附屬於土地上的奴隸）瓜分，季孫氏分到三分之一；西元前五三七年，三家第二次瓜分公室，季孫氏分到二分之一。由於季孫氏推行了新的政治和經濟措施，因此他很快就富起來了。

季孫氏本來就比周王室的公侯還富有，孔子的學生冉求又幫助季孫氏到處搜刮錢財，使得季孫氏更富有。於是，孔子對其他學生說：「冉求不再是我的學生了，你們可以無所顧忌地指責他了！」

大樹將軍

「大樹將軍」這個典故指具有廉正謙讓品德的將軍。

此典出自《後漢書．馮異傳》：「異為人謙退不伐，行與諸將相逢，輒引車避道。進止皆有表識，軍中號為整齊。每所止舍，諸將並坐論功，異常獨屏樹下，軍中號曰：『大樹將軍』。及破邯鄲，乃更部分諸將，各有配隸。軍士皆言願屬大樹將軍，光武以此多之。」

西漢後期，社會矛盾非常尖銳。西元八年，上層豪強的代表王莽廢除西漢劉氏皇朝，建立起國號叫做「新」的王氏皇朝。西元二十二年，南陽郡春陵鄉（湖北棗陽縣東）人劉縯、劉秀兄弟起兵反對王莽，他們又召集新市、平林、下江的兵士，與王莽的軍隊展開作戰，第二年漢兵就達到十餘萬人。經過一番爭執，懦弱無能的劉玄被擁立為皇帝，號稱更始帝。就在這種歷史背景下，出現了一個重要人物，他就是馮異。

馮異，字公孫，潁川父城人，喜愛讀書，精通《左氏春秋》和《孫子兵法》。

大樹將軍

當光武帝劉秀起兵攻打王莽時，馮異身為郡掾監督五縣，與父城的長官苗萌一起守城，替王莽抗拒漢兵，不料在戰鬥中被漢兵俘虜。他看到劉秀的軍隊紀律嚴明，就帶著苗萌等人歸降了劉秀。他替劉秀出主意安撫民心，使劉秀受到社會眾多階層的擁護，於是劉秀拜他為偏將軍，封為應侯。馮異為人謙讓，不好自我誇耀。行路時與將軍們相遇，他就將自己的車避到一邊，讓開道路。他的軍隊無論前進還是後退，都有標記，軍中都說他的部隊軍容整齊。每次部隊駐紮下來，將軍們坐在一起爭論功勞時，馮異常常一個人躲到大樹下，軍中稱他為「大樹將軍」。攻下邯鄲之後，重新調換將領，分別配備部下，軍士們都希望跟隨「大樹將軍」，因此光武帝劉秀特別器重他。

短兵相接

「短兵相接」用以形容敵我逼近，戰鬥激烈。

此典出自《楚辭．九歌．國殤》：「操吳戈兮被犀甲，車錯轂兮短兵接。」

楚漢相爭初期，有一次劉邦攻占彭城（今江蘇徐州），項羽從山東回軍南下彭城，劉邦大敗；項羽部將丁公率軍緊追不捨。追到彭城西，兩軍展開大戰，劉邦看情形估計自己很難脫身，便對丁公說：「你我都是英雄，何必苦苦相逼呢？」丁公聽了劉邦的這句話，就順水推舟，引兵退去，劉邦得以脫身。

司馬遷在描寫兩軍相遇時，有「丁公逐窘高帝彭城西，短兵相接」之句，意思是說：丁公追逐劉邦到彭城之西時，兩軍迫近，用刀劍等短兵器相接戰。古時打仗的兵器，弓箭稱為「長兵」，刀劍稱為「短兵」，近身作戰，必須用短兵器，故叫做「短兵相接」。

兵不厭詐

「兵不厭詐」意思是作戰時可以使用詐術，最後達到使敵人作出錯誤判斷的目的。

此典出自《韓非子．難一》：「戰陣之間，不厭詐偽。」

虞詡，字升卿，是東漢安帝時的武都太守，有一次，他奉命帶領幾千人馬到甘肅境內去和羌人作戰，他下令日夜兼程，所過之處每天都增加挖掘煮飯用的灶，前後挖了幾十個，有人迷惑不解，就問他說：「從前孫臏每天減灶，而你每天增灶，是什麼道理呢？」虞詡答道：「兵不厭詐，敵人人數比我們多，但看到我們每天增灶，就會認為我們每天都在增加兵員，就不敢跟蹤追擊了。減灶是『示弱』，增灶是『示強』，情況不同，辦法也就不同。」結果羌人果然中計了，遭到失敗。

哀兵必勝

「哀兵必勝」比喻兵力相當的兩軍對壘，心情悲憤的一方必勝。後指受壓迫、受欺凌而奮起反抗的一方必定取勝。

此典出自《老子》第六十九章：「禍莫大於輕敵，輕敵幾喪吾寶（指國家的土地、人民、主權）。故抗兵相加，哀者勝矣。」

《老子》第六十九章，是老子關於軍事問題的一篇論述。其主要論點是：

一、不要發動侵略的戰爭；

二、各國的國君都懂得「柔勝剛」的道理，天下就沒有戰爭了；

三、抗擊侵略者時絕不可輕敵；

四、反侵略的國家必勝。

老子說：「古代用兵的人有這樣的話：我不做主動挑起戰爭的『主』，而要做被迫進行戰爭的『客』。我不進入別國領土一寸之近，可以退回本國領土一尺之遠。王侯能這樣『守柔』，國家就將沒有戰爭。這就是說，在軍事行動中，可以沒有行伍，不用嚴陣；可以不用袒露出胳臂，擺出戰爭的架勢；手裡可以不持兵器，或許就不戰而勝，要捉的敵人，或許根本沒有了。這就是『柔弱勝剛強』的道理。如果真有敵人進攻，則絕不可輕視。災禍莫大於輕視敵人。輕視敵人，幾乎要喪失我們的土地、人民和主權。兩國打仗時，受侵略而懷著悲憤心情的一方，必將打勝仗。」

拔旗易幟

後人用「拔旗易幟」比喻取而代之。

此典出自《史記．淮陰侯列傳》：「趙見我走，必空壁逐我，若疾入趙壁，拔趙幟，立漢赤幟。」

楚漢相爭時，韓信率領漢軍攻打趙國。雙方交戰前，韓信在趙軍營壘附近預先埋伏兩千名輕騎兵。交戰時，漢軍假裝敗退，引誘趙軍追擊。這時預先埋伏的漢軍乘機占據趙軍營壘，拔掉趙軍軍旗，插上漢軍旗。趙軍回來，以為漢軍已經把趙軍的兵將全部俘虜，頓時全軍潰亂。

兵不血刃

「兵不血刃」形容沒有打仗就獲得了勝利。

此典出自《荀子．議兵》：「故近者親其善，遠方慕其德，兵不血刃，遠邇來服。」

《議兵》是戰國時的思想家、哲學家荀子論述軍事問題的一篇文章。

荀子說：用兵的目的在於禁暴除害，而不在於爭奪。仁義之師統治的地方，就會出現大治的局面，仁義之師所到之處，人民就會得到教化。堯伐驩兜，舜伐有苗，禹伐共工，湯伐有夏，文王伐崇，武王伐紂，都是以仁義之師行於天下。因此，周圍的人都喜愛他們的美德，他方的人都仰慕他們的仁義。如此一來，不必使用武力，人們就會來歸服了。德行如果達到這樣好的程度，它的影響就會遍及到四方。

兵貴神速

「兵貴神速」意思是用兵以行動特別迅速最為重要。

此典出自《三國志．魏志．郭嘉傳》：「大祖將征袁尚……嘉言曰：『兵貴神速。今千里襲人，輜重多，難以趨利，且彼聞之，必為備；不如留輜重，輕兵兼道以出，掩其不意。』」

東漢末年，天下大亂，群雄四起。袁紹乘機擴大自己的實力，占據冀、青、幽、並四州（今山東、河北、山西等地區），成為北方勢力最強的軍閥。北面遼東、遼西、右北平（今河北東北部）三郡地區，居住著少數民族部落聯盟，其中遼西單於蹋頓勢力最強，袁紹採用和親政策以籠絡他們。

西元二〇〇年，袁紹和曹操在官渡（今河南中牟東北）大戰。袁紹戰敗，不久病死。袁紹幼子袁尚乘機自立冀州牧，長子袁譚和袁尚發生矛盾。西元二〇三年，曹操出兵討伐，袁氏兄弟這能齊心協力一致對外。曹軍剛一撤走，袁氏兄弟，競自相殘殺起來。西元二〇四年，袁譚奪取安平、勃海、河間等郡，袁尚被迫投奔次兄袁熙。曹操乘機攻打袁譚。西元二〇五年，曹軍攻陷勃海郡城南皮，殺死袁譚。袁熙部將焦觸、張南等乘機背叛，袁熙、袁尚只好投奔遼西的蹋頓單於。

蹋頓感念袁紹的恩澤，決心支持袁氏兄弟。經常派兵侵犯曹操，曹操深感憂慮。

西元二〇六年，曹操決定親自率兵征討北方三郡，消除邊患。曹軍走了一個多月才到達河間的易城（今河北雄縣西北）。謀士郭嘉對曹操說：「用兵貴在神速，使敵人難以預料。我們應當把輜重留下，派輕兵日夜兼程，深入敵境，出其不意發動進攻，這樣才能取勝。」

曹操採納了郭嘉的建議，親自率領數千精兵輕裝北進。在距離柳城還有一百多里的白狼山，曹軍與蹋頓的數萬騎兵相遇。雙方兵力相差懸殊，曹軍將士以一當十，士氣高昂，奮勇殺敵。蹋頓軍隊大敗，蹋頓和許多將領都死於亂軍之中。

袁熙、袁尚聽到這個消息，都慌忙向東逃跑，投奔遼東太守公孫康。曹操占領柳城後，就下令班師南歸。有人問曹操為什麼不乘勝追擊，曹操說「不攻自破，他們會自相殘殺的。」不出曹操所料，不久，袁熙、袁尚果然被公孫康殺掉。

步步為營

「步步為營」形容進軍謹慎，也用來比喻行動、做事謹慎。

此典出自《三國演義》第七十一回：「淵為人輕躁，恃勇少謀。可激勸士卒，拔寨前進，步步為營，誘淵來戰而擒之：此乃反客為主之法。」

劉備率領大軍去攻取漢中。守將夏侯淵得知消息，便差人上報，操聞之大驚，親率四十萬大軍抵敵。夏侯淵知援兵已到，仍固守定軍山，未曾出戰。曹操命夏侯前去誘敵。蜀將黃忠即派牙將陳式出戰迎敵。尚詐敗而走，陳式追擊，行到半路，兩山上滾木擂石打下來，無法前進。正準備撤回時，背後夏侯淵衝出，陳式被生擒。敗軍逃回，黃忠慌忙去找法正商議。法正說：「淵為人輕躁，恃勇少謀。可激勸士卒，拔寨前進，步步為營，誘淵戰而擒之。」黃忠採納他的計謀，把各種戰利品賞給軍士。黃忠軍步步為營，生擒了夏侯尚。夏侯淵怒不可遏，立即要出戰黃忠。張郃勸夏侯淵說：「這是法正的計謀，將軍不可出戰，只宜堅守。」夏侯淵拒絕聽從勸諫，分兵圍住對方，大罵挑戰。下午，法正見曹兵倦怠，乃將紅旗一展，鼓角齊鳴，喊聲大振，黃忠一馬當先，馳下山來，夏侯淵措手不及，被黃忠一刀砍為兩段，曹兵大潰，四處潰逃。

長驅直入

根據曹操《勞徐晃令》中的話，後人用「長驅直入」這一典故比喻軍隊快速前進，如入無人之境。這句成語有時也寫作「長驅徑入」或「長驅直進」，意思相同。

此典出自曹操《勞徐晃令》：「吾用兵三十餘年，及所聞古之善用兵者，未有長驅徑（直）入敵圍者也。」

東漢末年，徐晃，當過郡吏，騎都尉，後來歸順了曹操。徐晃精通軍事，智勇過人，曾為曹操屢建戰功，深得曹操賞識。為了奪取漢中，曹操命徐晃和夏侯淵把劉備阻攔在陽平。取得勝利以後，又奉命助曹仁征討漢將關羽。徐晃利用聲東擊西的戰術，大敗關羽。事後，曹操給徐晃寫信，讚揚了他大獲全勝。信中說：我帶兵打仗三十幾年，所聞古代善用兵的將領，還沒有長驅直入敵人包圍圈的。你這次大獲全勝，其功勞超過了古代的良將孫武和穰苴。

城下之盟

「城下之盟」指的是在敵人的武力威逼之下，被迫簽訂屈辱的盟約。此典出自《左傳・桓公十二年》：「楚伐絞……大敗之，為城下之盟而還。」

春秋時期，各國爭霸。有一次，楚國派兵攻打絞國，楚軍直逼絞國的南門。楚國大夫屈瑕（官居莫敖，又稱莫敖屈瑕）說：「絞國只是一個小國，而且做事草率。做事草率，就缺少謀略。我看，我軍砍柴的人外出打柴時，不用派兵加以保護。這樣，可以引誘敵軍出城。」楚王採納了屈瑕的建議。果然，絞軍俘獲了三十個楚軍的砍柴人。第二天，絞軍爭搶著出城，在山上追趕著楚國砍柴人。沒想到，楚軍早已鎮守在絞國的北門，並在山下設有伏兵。楚軍大敗絞軍，逼著絞國簽訂了恥辱的城下之盟，然後班師回國。

出其不意

「出其不意」比喻在敵人意想不到的時候進行突然襲擊。

此典出自《孫子．計篇》：「攻其無備，出其不意。此兵家之勝，不可先傳也。」《計篇》是孫子兵法上卷第一篇，是孫武軍事思想的概述，主要論述決定戰爭勝敗的各種主要因素。

孫武在論述到軍事家取勝的辦法時說：打仗是一種奇詭多變的行動，要因時、因地、因事制宜，臨機決斷。本來能打而向敵人表示不能打；本來準備要打而向敵人表示不想打。準備從近處進攻，而表示將從遠處進攻；將從遠處進攻而表示將從近處進攻。敵人貪利就用利誘，乘敵人混亂而奪取勝利。敵人堅實，應嚴密戒備；敵人強大，應避開他們的鋒銳。敵人暴躁易怒，就擾亂他，使之輕舉妄動；敵人卑怯，就設計使之驕傲而喪失警惕。敵人安穩，就設法使他疲勞被動；敵人內部團結，就設法離間。要以神速的行動，乘敵人不及防備、意料不到時進擊。這就是軍事家取勝的辦法，不能預先作出死板的規定。

簞食壺漿

「簞食壺漿」形容老百姓對所擁護的軍隊的慰勞和歡迎。

此典出自《孟子．梁惠王下》：「簞食壺漿，以迎王師。」

據《孟子．梁惠王下》載：戰國時，齊國和燕國是兩個大國。一次，齊宣王討伐燕國。由於燕國君苛政，燕國老百姓生活在水深火熱之中，齊國軍隊攻打燕國時，燕國老百姓都用竹籃子裝著吃的，用壺盛著喝的來慰勞和歡迎齊軍。最後，齊軍取得了勝利。

堅甲利兵

「堅甲利兵」用以表示武器精良，或借指善戰的軍隊。

此典出自《孟子．梁惠王上》：「王如施仁政於民，可使制梃以撻秦楚之堅甲利兵矣。」

梁惠王因自己地盤處在中原一帶，四面受敵，經常感到國勢日衰。這時，孟子前去拜見他。他對孟子說：「我國的強大，過去是沒有任何國家能趕得上的。可是到了我執政的時候，東邊和齊國打了一仗，我們打敗了，連我兒子也戰死了；西邊一仗，又敗給秦國，喪失了河西七百里的地盤；南方又被楚國搶去八個城池。這實在是奇恥大辱啊！我希望自己能替我國所有的陣亡將士報仇雪恨，您說有什麼辦法呢？」

孟子說：「一個縱橫只有一百里寬的小國都能夠施行仁政而使天下歸服，何況魏國是一個大國呢？如果您能施行仁政，減免刑罰，減輕賦稅，使百姓有吃有穿；又能在農閒的時候，對老百姓進行孝順父母、敬愛兄長、為人盡心竭力、待人忠誠守信的教育，那就『叫百姓製造木棒也可以抗擊擁有堅實盔甲、銳利刀槍的秦楚軍隊了』。」

減灶之計

「減灶之計」表示在戰爭中隱瞞自己軍隊的實力，借此麻痺敵人。

此典出自《史記．孫子吳起列傳》：「……入魏地為十萬灶，明日為五萬灶，又明日為三萬灶。」

戰國時，韓國因魏國的進攻向齊國求救。齊王派田忌為將，孫臏為軍師，率軍進攻魏國都城大梁。魏軍主帥龐涓得知敵人襲擊後方陣地，連忙撤軍回援。孫臏聽說魏軍撤了回來，便對田忌說：「魏軍一向勇猛善戰，從不把齊兵放在眼裡，我們為什麼不加以利用呢？如果我軍今天做飯時挖十萬個灶，明天挖五萬個，後天再挖三萬個灶。魏軍會認為我們的兵力越來越少，因此麻痺輕敵。」果然一路上龐涓見齊軍的灶越來越少，高興地說：「想不到齊軍如此膽怯，才入魏國境內三天，士兵就逃亡過半。」於是他下令丟掉步軍，只率領少數騎兵追趕齊軍。當行至狹窄的馬陵道時，到處倒著樹木，非常難走。龐涓見地上放著一封信，便叫人舉起火把來看，上面寫著：「龐涓死於此！」這時，埋伏在兩旁的齊軍萬箭齊發，魏軍紛紛中

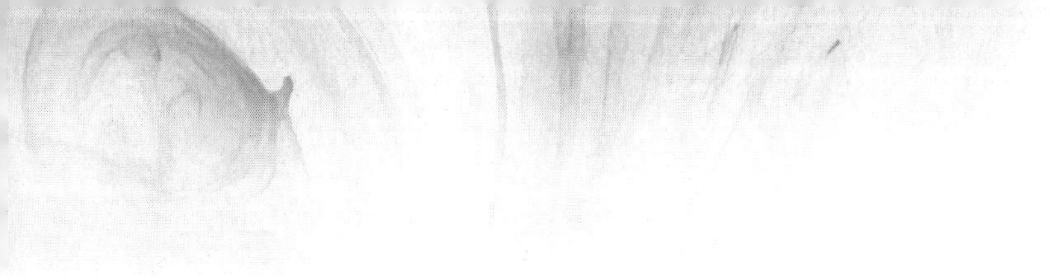

箭，龐涓見難以逃命，就拔劍自殺了。

厲兵秣馬

「厲兵秣馬」意思是說磨快兵器，餵飽馬，比喻做好充分的戰鬥準備。

此典出自《左傳．僖公三十三年》：「鄭穆公使視客館，則束載厲兵秣馬矣。」

春秋時期，秦國稱霸西戎，並覬覦東方領土很長時間了。西元前六二八年，駐在鄭國的秦將杞子，暗中派人報告秦國國君秦穆公：「我現在掌握鄭都北門的鑰匙，可速派軍隊偷襲鄭國國都。」

秦穆公歡喜異常，不顧大夫蹇叔的勸阻，派遣孟明視、西氣術和白乙丙三人，統率大軍前去偷襲。

秦國與鄭國相隔千里，秦軍好不容易才來到離鄭國不遠的滑國。恰巧鄭國商人弦高趕著一群牛來到這裡。他擔心自己的國家還不知道偷襲的秦軍已經到了大門口，心急如焚。為了保衛自己的國家，弦高一面派人火速回國送信，一面又假扮成鄭國的使者，把牛送給秦軍。他對秦將說：「我們的國君早已知道貴軍遠道而來，特命我先送上皮革四張、肥牛一批，犒勞秦軍將士。」秦將孟明視以為鄭國已經做好迎戰準備，不敢繼續進兵。

在鄭國的秦將杞子，覺得秦軍快到了，就命令駐守官兵積極準備。他們整理好行裝，餵飽戰馬，把兵器磨得異常鋒利。

鄭國接到弦高密報，立即做好迎敵準備。同時派人監視杞子的活動。杞子見勢不妙，帶著隨從慌忙逃跑了。

秦將孟明視眼看偷襲不成，成功無望，只好敗興而歸。當他們退兵時，遭到晉軍的伏擊，全軍覆沒，三個將領都成了俘虜。

令行禁止

「令行禁止」意即有令就行，所禁必止。比喻紀律嚴明。

此典出自《荀子．議兵》：「以守則固，以征則強，令行禁止。」

《議兵》是荀況的一篇軍事文章。荀況從加強地主階級專政、統一天下的政治需要出發，總結了戰國末期兼併戰爭的經驗，闡述了自己的軍事思想。

荀況認為，單純的兼併並不難做到，但要長久地保持和鞏固下去就很不容易了。他又列舉了歷史上許多能奪人之地而不能固守的事例，指出：只能兼併而不能鞏固，那就一定會得而復失；不能兼併又不能鞏固其原有的土地、政權，那就一定會亡國。如果得到了土地而且能夠使它鞏固下來，然後再去兼併其他的土地，那麼再強大的敵人也不會畏懼。……用禮來鞏固士；用政來鞏固民，才是最大的鞏固。如果能達到這樣的政治局面，那麼守住國土就會非常容易；征伐其他國家就會非常強大，就會令行禁止。這樣王者的事業就完備了。

柳營試馬

「柳營試馬」形容軍營紀律嚴明，也泛指軍營。

此典出自《史記．絳侯周勃世家》。

劉邦的老朋友周勃的兒子周亞夫，承其父蔭，封為條侯，擔任河內太守。

劉邦死後，起初所封子侄還算老實，君臣之間相安無事。後來為王權與皇權之爭，漸漸地出現諸侯國王反抗中央政權的跡象。

吳王濞是劉邦的二哥劉仲的兒子，初封沛侯，追隨叔父以騎將縱橫在淮南，打敗英布，那時他才二十歲。後來天下大定，高帝把劉濞封為吳王，割出三個郡五十三個城，作為吳國屬地。

吳國離漢帝國的轄地較遠，漢文帝在位二十三年，是最安定的一段時期，因為漢帝國吳王國當時都忙於生產建設，吳王濞四十年的經營，使吳國成為一等強國，他開山取銅，煮海為鹽，使府庫日漸充實，就對中央政權不肯服帖了。文帝在位，與吳王濞還算是平輩，到了景帝，吳王已是大伯身分了。對這個侄兒皇帝，越來越不恭順。漢帝國碰也不能碰他，但不碰也要出毛病，這就是晁錯所說：「削之亦反，不削亦反。」

吳王濞看到楚、趙、膠西這幾個國，都在晁錯的削藩政策下，眼看著削地政策就要輪到他的頭上，於是他就聯合楚、齊、濟、北、膠西、膠東、膠南、濟東、濟南、淄川，以及趙國，來個九國聯軍，以「誅漢賊晁錯」為名向長安進兵。

漢景帝得報後，想協商解決，就聽了袁盎的話，殺了晁錯，以謝吳王。誰知晁錯雖然被殺掉，吳王仍不止兵，因為他最後的目的是要奪得皇位。

這時景帝才後悔殺了晁錯，即拜條侯周亞夫為太尉，率領三十六員將軍迎擊吳楚聯軍。

周亞夫的策略是不打硬仗，用堅壁的方法，以守代攻。他把兵駐屯在昌邑（今山東金鄉），在柳樹茂密的地方札營，每天在這裡操練兵馬。

漢景帝率領官員慰問周亞夫的軍隊。路過霸上和棘門的軍營，發現這兩個軍營的紀律鬆弛，皇帝的車隊暢通無阻。到了周亞夫的軍營，士兵們都是身穿鎧甲，手持兵刃，弓箭袋裝滿箭，軍隊威武嚴明。漢景帝的先驅部隊來到營門，對守門的士兵說：「天子就要來了！」守門的士兵說：「將軍有令，在軍營中只聽從將軍的命令，而不需聽從天子的詔書。」先驅部隊沒有辦法，漢景帝來到營門，也沒有辦法進入軍營。於是漢景帝派遣使節持節進入軍營，告訴周亞夫說：「皇帝要來慰勞軍隊。」周亞夫才命令打開營門。漢景帝的車隊正要在軍營中奔馳，守門的士兵高聲喊道：「將軍有命令，軍營中不得駕車奔馳。」於是，漢景帝的車隊只能慢慢地前進。到了周亞夫的營帳內，周亞夫以軍禮相見。看到威武嚴明的軍隊，漢景帝非常高興。出了軍營以後，漢景帝的隨從都驚出一身冷汗，漢景帝說：「周亞夫是一個真正的軍人。霸上、棘門的軍隊簡直是兒戲。」

吳王濞的軍隊要攻長安，必經梁國，梁王劉武是傾向中央政權的，阻住吳王去路，吳王就攻打梁王。梁王幾次請周亞夫發兵援救，周亞夫都不答應，急得梁王派使者到景帝面前告周亞夫的狀。景帝下詔，要亞夫速援梁國，亞夫不奉詔，堅守不出，暗中卻派兵斷了吳楚的後路，把糧道斷絕。

吳王濞在梁地消耗的軍力非常大，率軍與周亞夫對陣，周亞夫依然是堅守不戰。吳楚軍的糧食耗盡了，不戰自潰，吳王知事不能再這樣下去了，就下令退兵。此時周亞夫才出兵突擊，僅僅一仗，吳楚軍就徹底垮了。

披堅執銳

「披堅執銳」表示投身戰鬥。

此典出自《史記·項羽本紀》：「披堅執銳，義不如公；坐而運策，公不如義。」

秦朝末年，秦二世胡亥派章邯進攻趙國，章邯帶領二十萬兵卒把趙王團團圍困在鉅鹿。趙王不停地向楚王求救，楚王便派宋義做主帥，項羽做次將，北上救援趙國。宋義故意帶領人馬緩緩而行，到了安陽，竟一下子停留四十六天。項羽對宋義說：「聽說秦軍把趙王圍困在鉅鹿，應該馬上進軍。如果我們在外面攻擊秦軍，趙軍必然會作內應，這樣我們就一定會打敗秦軍的。」宋義說：「現在秦軍攻趙，如秦軍得勝，他的兵力一定十分疲睏，就乘秦軍疲睏時進攻；如果秦軍不能取勝，就大張旗鼓向西進軍，這同樣能打敗秦軍。『身穿鐵甲、手拿銳利武器去打仗，我不如您；坐下來講用兵之策，您就不如我宋義了。』」宋義仍然不肯進軍攻秦。

項羽心裡很著急，又向宋義建議說：「現在將士都希望我們進兵，協力攻秦，而且今年災荒嚴重，百姓飢餓，軍隊缺糧，久留是不行的。而今秦軍強大，大有一舉吃掉趙國之勢，哪有什麼疲睏的機會可以利用？我軍在定陶大敗的事情，已使楚王『坐不安席』，而楚王又把一國之事交付於您，國家安危在此一舉，望你以國家利益為重。」宋義仍堅持他的看法，項羽再三勸說毫無效果。項羽惱羞成怒，就殺害了宋義。項羽奪了兵權後，楚王乃封項羽為上將軍，接替宋義的職位。項羽便派當陽君黥布和蒲將軍領兵兩萬渡過漳河，去救鉅鹿，但只取得了小小的勝利。趙王的大將軍陳餘再次要求項羽增兵，項羽便統率全軍去救。

隊伍一渡過漳河，項羽便下令把船隻全部鑿沉，把煮飯的鍋全部打碎，把宿營的房子全部燒光，每人只帶三天的口糧，以此表示誓死不歸的決心。項羽決心死戰，戰士勇往直前，兩軍在鉅鹿城下展開大戰。

這時候，楚軍的勢力雄冠諸侯。救援鉅鹿的諸侯軍有十幾個營壘，都不敢出兵。「楚戰士無不以一當十」，喊殺之聲驚天動地。經過幾次激烈戰鬥，殲滅了秦軍，俘虜了王離，殺死了蘇角，逼死了涉間。這便是歷史上有名的「鉅鹿之戰」。

旗鼓相當

「旗鼓相當」亦稱「鼓旗相當」，比喻雙方勢均力敵，不相上下。

此典出自《後漢書．隗囂公孫述傳》：「如令子陽（公孫述）到漢中三輔，願因將軍兵馬，鼓旗相當。」

西漢末年，王莽勢力衰弱，成紀（今甘肅省秦安）地方的隗囂組織武裝力量，反抗王莽統治，相繼攻克了隴西、張掖、酒泉、敦煌等地，自稱上將軍。而公孫述則在四川一帶自稱皇帝。

西元二十五年，漢光武帝劉秀建立了東漢中央王朝，但邊遠地區尚未完全統一。劉秀為了孤立公孫述，逐步實現統一，就處心積慮地籠絡隗囂。隗囂為了尋找政治出路，曾上書劉秀，向東漢稱臣。於是劉秀透過大司徒鄧禹封他為西川大將軍。後來，隗囂又打退了從長安往西發展的農民起義部隊赤眉軍。當時，陳倉人呂鮪擁兵數萬，跟公孫述勾結在一起，率兵侵犯陝西中部一帶，進攻長安。隗囂率兵配合劉秀的部隊，打退了呂鮪和公孫述的共同進攻。因此，隗囂得到了劉秀的信任和尊重。

為了阻止盤踞四川的公孫述向外擴大勢力，劉秀給隗囂寫了一封措辭委婉的信，希望他能夠依仗著自己的實力阻止公孫述進犯。他在信中說：「我現在忙於在東方作戰，大部隊都集中在那裡，西方兵力薄弱。如果公孫述出兵到漢中，企圖進犯長安，我希望能夠借重將軍的兵馬旗鼓，和他較量一番。如果能這樣，我就算得到了上天的賜福。」隗囂採納了劉秀的意見，與劉秀共同出兵，把公孫述打得大敗。

強弓勁弩

「強弓勁弩」指的是軍備充實，武器精良，勢力強大。

此典出自《戰國策．韓策一》：「天下之強弓勁弩，皆出自韓。」

戰國時，縱橫家蘇秦去遊說韓王，聯合六國共同對付秦國。

蘇秦到了韓國，受到韓王接見。他對韓王說：「韓國地勢很好，北面有鞏洛成皋作為防禦要塞，西有宜陽常阪作為防禦屏障，東有苑穰洧水，南有陘山層層相衛。而且韓國方圓千里，擁有數十萬兵馬，『天下之強弓勁弩，皆出自韓』你看，韓國多了不起呀！」

韓王聽了，面有喜色。蘇秦又說：「韓國有堅甲利兵，訓練有素，也非常英勇，一人能抵一百人。再加上大王賢明能幹，領導有方，完全有能力聯合齊、楚、燕、趙、魏等國共同抗擊強秦。但是，我聽說大王打算服從於秦國，這是真的？」蘇秦停了一下又說：「如果真是這樣，必然會為天下人所恥笑，我也將為大王感到羞恥。」

韓王聽了，攘背按劍、仰天嘆息。他堅決而憤憤地說：「寡人雖死，必不事秦！」

秋毫無犯

「秋毫無犯」比喻軍隊紀律嚴明，絲毫不侵犯人民的利益。

此典出自《史記‧淮陰侯列傳》：「大王（劉邦）之入武關，秋毫無所害，除秦苛法，與秦民約法三章耳，秦民無不欲得大王王秦者。」

據《後漢書‧岑彭傳》載：岑彭是東漢時光武帝劉秀的延尉，行大將軍事，封為舞陰侯。此人帶兵打仗很有辦法。建武十一年春，岑彭奉命討伐公孫述。據《後漢書》記載，岑彭的軍隊，紀律嚴明，絲毫不侵犯老百姓的利益。

如火如荼

「如火如荼」比喻像火那樣紅，像荼那樣白，形容軍隊陣容的壯盛及氣勢的蓬勃。

此典出自《國語．吳語》：「萬人以為方陣，皆白裳、白、素甲、白羽之矰，望之如荼。王親秉鉞，載白旗，以中陣而立。左軍亦如之，皆赤裳、赤旗、丹甲、朱羽之矰，望之如火。右軍亦如之，皆玄裳、玄旗、黑甲、烏羽之矰，望之如墨。」

吳王夫差為和晉定公爭做諸侯的盟主，西元前四八二年帶領大軍北上，到黃池（今河南省封兵縣西）大會諸侯，訂立盟約。因為名次先後問題兩家發生了爭執，吳國和晉國產生了矛盾，鬧僵了。

吳王夫差決定顯示一下自己的威風，逼迫晉定公就範，於是就在夜間把三萬名吳軍分成三份，以一萬人為單位，擺成三個方陣。中軍全部穿著白色的衣服和盔甲，拿著白色的旗幟和纏有白色羽毛的弓箭，遠遠望去，就像遍野盛開的白色的荼花（荼：一種開白色花的茅草）；左軍紅裳紅旗，遠遠望去像漫山燃燒的熊熊火焰；右軍黑裳黑旗，遠遠望去好像滿天集結著的濃密烏雲。到了第二天早晨，吳王親自擊鼓，三萬軍士一起歡呼響應，那雄壯而高昂的聲音把整個會場震得像天崩地裂一般，晉定公看到這種情形，不得不歃血為盟，讓吳王做了盟主。

深溝高壘

「深溝高壘」指軍隊紮營時，把壕溝挖深，把壁壘築高。用以比喻防禦工事的堅固。

此典出自《孫子．虛實篇》：「故我欲戰，敵雖高壘深溝，不得不與我戰者，攻其所必救也。」

孫武說：「進攻時，要想使敵人不能抵禦，就要猛攻敵人防備鬆懈的地方；退卻時，要使敵人無法追擊，就要退得迅速，使敵人無法追及。如果我軍想打，敵人即使堅守深溝高壘，也要逼他打，要去進攻他必須要去援救的要害之地。如果我軍不想打，就要劃定地區堅守，使敵人再想與我軍交戰也不可能。這就要設計迷惑敵人，讓他們弄不清往哪個方向前進。」

師直為壯

「師直為壯」意思是指出兵理由正當，因而鬥志旺盛，戰鬥力強。

此典出自《左傳．僖公二十八年》：「師直為壯，曲為老，豈在久乎？」

春秋時，晉楚兩國都是強大的國家，小國如宋、鄭、曹等一向臣服於楚，後來宋國忽然背叛了楚國改投晉國。楚國立即出兵伐宋。宋國在強兵壓境時，派使者向晉國求援，晉文公聽了大夫先軫的話，一面叫宋國去勸秦、齊兩國和楚國交涉，一面將曹、衛兩國君扣留起來作為人質。楚將子玉派人去通知晉兵說：「你們送曹、衛君回去，恢復曹、衛兩國，我也就解除宋國的圍攻。」晉文公把楚國使者囚在衛國，又暗中答應恢復曹、衛兩國，於是曹、衛便與楚國斷絕關係。

子玉因此非常生氣，便率兵攻打晉兵，晉兵奉令後撤。晉軍將領非常不滿，晉大夫狐偃說：「出兵而理直者，就是壯盛的，理虧者，就是衰老的，何必在乎時間的長久？我們若無楚國的恩惠（晉文公曾得楚君之助，得以回國接君位），到不了今天，退九十里避開他們，就是為報楚國舊日的恩惠。如果我們忘恩負義，以仇怨相對，那麼，我們理虧，他們理直，他們的士氣很旺盛。如果我們退了，他們仍要進軍，那就是他們理虧了。」

四戰之地

「四戰之地」指兵家屢次相爭的四通八達的地方，指策略地位重要。此典出自《史記．趙世家》：「上乘倍戰者，裂上國之地。張守節正義：信戰，力攻也。韓國四戰之地，軍士慣習，倍於餘國。」

樂毅是戰國時候著名的將領，以多謀善戰而聞名於諸侯。燕國燕昭王當政為了報齊國的仇，屈身下士，廣招賢者，任命樂毅為上將軍，征伐齊國。樂毅聯合越國、魏國、楚國共同討伐齊國，趙惠文王還把相國印件授予樂毅。樂毅以聯軍統帥的身分率領大軍進入齊國。齊軍無法抵抗，在濟西遭到慘敗。樂毅又獨自帶領燕軍攻占齊都臨淄，齊王逃到莒地。

樂毅在齊國先後五年，攻占七十多城，為燕國擴大了疆土。燕昭王心滿意足，非常感激樂毅，封他為昌國君。燕昭王死後，太子燕惠王即位，開始不信任樂毅了。齊國人田單施用反間計，派人暗地裡告訴燕惠王說：「樂毅想在齊國稱王」，燕惠王信以為真，馬上派遣大將騎劫去替換樂毅。樂毅知道自己遭到誣陷，便跑到趙國。樂毅一走，齊國田單立即出兵攆走了騎劫，收復了失去的城池。

燕惠王發現自己上了齊國的當，心裡非常後悔，幾次寫信請樂毅回燕，樂毅都婉言謝絕了。燕惠王只好任命樂毅的兒子樂間為昌國君，掌管燕國的一部分兵馬。

有一年，燕王喜打算攻打趙國，他徵求樂間的意見。樂間說：「趙國不能攻打呀，它的周圍全是鄰國，是個四面受敵的地方，自古以來就是軍事要塞。況且趙國的百姓十分熟悉作戰，千萬不能去招惹它啊！」

可是燕王求功心切，沒有採納樂間的意見。燕軍入趙後，趙國的名將廉頗領兵禦敵，結果燕軍大敗。燕國被迫割地給趙國，趙國才答應與燕國講和。

從那以後，樂間也去了趙國，不再為燕王出謀劃策了。

孫子練兵

孫子練兵說明治軍必須紀律嚴明，帶兵要遵循法則。

此典出自《史記・孫子吳起列傳》：「孫子武者，齊人也。以兵法見於吳王闔廬。……闔廬曰：「可試以婦人乎？」曰：「可。」於是許之，出宮中美女，得百八十人。孫子分為二隊，以王之寵姬二人各為隊長，皆令持戟，……即三令五申之。於是鼓之右，婦人大笑。……復三令五申而鼓之左，婦人復大笑。……乃欲斬左右隊長。吳王從臺上觀，見且斬愛姬，大駭，趣使使下令曰：「……願勿斬也。」孫子曰：「臣既已受命為將，將在軍，君命有所不受。」遂斬隊長二人以徇，用其次為隊長。於是復鼓之。婦人左右前後跪起皆中規矩繩墨，無敢出聲。」

春秋時，吳王闔閭除掉慶忌後，大擺酒席，大臣們全都向他表示祝賀。伍子胥對闔閭說：「大王終於了卻一樁心事，可是我的仇恨哪年哪月才能得報呢？」大臣也請求闔閭發兵。闔閭說：「發兵去打楚國，那麼讓誰當大將呢？」伍子胥和大臣齊聲說：「聽憑大王的吩咐，我們都願意誓死從命。」闔閭沒有吭聲，看了看四周，嘆了口長氣。伍子胥窺出闔閭還不願意拜他為大將，趕緊接著說：「要不，我再推薦一個人，我想大王一定會樂意用他。」闔閭問：「誰呀？」伍子胥說：「他是齊國人，叫孫武，是個大軍事家。他研究了許多打仗用兵的方法，還寫了十三篇兵法。如果把他請來，拜為大將，吳國必能變成天下無敵的強國，大王就是霸主了。對付楚國，易如反掌。」闔閭聽了，非常高興，立即派遣伍子胥帶著貴重的禮物去請孫武。

孫武去見闔閭。闔閭從朝堂上跑下來迎接孫武，隨即問他用兵的方法。孫武把自己寫的十三篇兵法送給他。闔閭叫伍子胥念一遍。每當伍子胥唸完一篇，闔閭就點頭稱讚，並對伍子胥說：「十三篇兵法既簡明扼要又精練純粹，好極了！可是吳國國小兵微，怎麼辦？」孫武說：「有了兵法，只要大王有決心，不僅男子，就是女子也行。男男女女，全都能夠打仗？」闔閭笑著說：「女人怎麼能打仗，這不是鬧笑話嗎？」孫武一本正經地說：「如果大王不相信我，請先拿宮女們試一試。如果不能把她們訓練得跟士兵一樣，我願意認罪受罰。」闔閭派了一百八十名宮女，讓孫武操練。孫武請闔閭挑出兩個愛妃當隊長。最後，孫武請求說：「軍隊最重要的就是紀律。雖說拿宮女們試試，也得講究紀律。請大王派個執掌軍法的人，再給我幾個武將當助手。」闔閭都答應了。

一百八十名宮女全部穿戴著盔甲，手執兵器，在操場上集合。孫武首先制定了三道軍令：「第一，隊伍不許混亂；第二，不許吵吵鬧鬧；第三，不許故意違背命令。」接著，他把宮女們排成隊伍，操練起來。那兩個妃子隊長覺得她們穿上軍衣，拿著長槍、短刀，只是來玩耍而已，就帶頭嘻嘻哈哈地不聽使喚，其他宮女也跟著笑鬧成一團。她們或坐，或站，或擺姿弄勢，或來回奔跑，簡直不把操練當一回事。孫武傳令，叫她們立即歸隊立正。其中還是有人不停地說笑，不聽從命令。孫武傳了三次令，那兩個妃子隊長和宮女還是嬉笑如故。孫武大怒，瞪著眼睛大聲地跟那個執掌軍法的人說：「士兵不聽命令，不服約束，按照軍法應當怎麼處治？」軍法官連忙跪下，說：「應當斬首！」孫武就發出命令，說：「先把隊長斬了，做個榜樣。」武士們就將兩個妃子隊長綁起來，嚇得宮女們全都花容失色。

闔閭在高臺上遠遠地看著孫武操練宮女，忽然看見兩個妃子被綁上了，立刻派遣使臣拿著「節枝」（代表君王權力的一根手杖）去說情，說：「我已經知道將軍用兵的才能了。這兩個妃子是我最疼愛的，請饒了她們吧！」

使臣急忙來見孫武，傳闔閭命令。孫武說：「軍中無戲言。既然大王讓我做將軍，就得由我管理軍隊。要是不把犯法的治罪，以後我還能夠指揮軍隊嗎？」最後孫武還是處死了闔閭的這兩個妃子，又挑了兩個宮女當隊長，才重新操練起來。這批宮女在孫武嚴厲的訓練下，居然操練得有模有樣。

闔閭雖然佩服孫武的兵法，但心裡卻仍不太願意重用他。伍子胥對闔閭說：「大王準備征伐楚國，領導各國諸侯，做一番驚天動地的大事業，就非得有個像孫武那樣的大將不可。」闔閭經他這麼一說，才拜孫武為大將，又稱呼他為軍師，囑咐他為征伐楚國作準備。

所向無敵

「所向無敵」用以比喻威力強大，沒有人能夠抵擋。

此典出自《三國志．吳志．周瑜傳》：「今將軍承父兄余資，兼六郡之眾，兵精糧多，將士用命，鑄山為銅，煮海為鹽，境內富饒，人不思亂，泛舟舉帆，朝發夕到，士風勁勇，所向無敵，有何逼迫，而欲送質？」

東漢末年，曹操打敗袁紹，統一了北方，勢力逐漸強大起來。西元二〇二年，他給吳主孫權寫了封信，讓孫權把兒子送給他做人質，以示服從。孫權為此事召集文武官員商量對策。文官張昭等人拿不定主意，武將周瑜堅決反對。孫權把周瑜叫到自己的母親面前商議這件事。

周瑜說：「現在孫將軍接管父親孫堅、哥哥孫策的江山，管理著江東六郡的老百姓，軍隊善戰，糧草又多，將士都服從命令。我們的江山富饒，開山可以煉銅，煮海能夠得鹽。國內富足，人心穩定，交通方便，乘船遠行，早上出發，晚上就可以回來。我們的軍隊強壯，一直都有剛強勇敢的好傳統，勇往直前所向無敵，有什麼困難能逼我們走投無路，非要把兒子送給曹操做人質呢？」

天下無敵

「天下無敵」形容戰無不勝，沒有能抵擋住的。

此典出自《孟子．離婁上》：「夫國君好仁，天下無敵。」

有人問孟子：怎樣才能做到天下無敵。

孟子說：「現在有些弱小國家想以強國為師，但又以接受別人的命令為恥，就好比學生以接受老師的命令為恥一樣，這能行嗎？」來訪者問：「不以強國為師就沒有其他辦法了嗎？」孟子沉思了一下回答說：「當然不是說只能以強大的國家為師，因為我們可以文王為師。以文王為師，強大的國家只需五年，較小的國家只需七年，就能夠得到統治天下的大權。」「怎樣才能做到以文王為師呢？」來訪者又問道。孟子說：「這就是要施行仁政。孔子說過：仁德的力量，是不能拿人的多少來計算的。如果君主愛好仁德，則『天下無敵』。」孟子說完之後，又特意強調一句說：「仁者無敵。」

投鞭斷流

「投鞭斷流」意思是把所有馬鞭都投到江裡，就能截住水流，比喻人馬眾多，兵力強大。

此典出自《晉書．苻堅載記》：「前秦苻堅將功晉，太子左衛率石越以為晉有長江之險，不可伐。堅日：『以吾之眾旅，投鞭於江，足斷其流，何險之足恃？』」

東晉時，黃河流域以北地區被匈奴、鮮卑、氐、羯、羌等民族割據。他們先後建立了許多國家。後來氐族中的苻姓建立了秦國，歷史上叫苻秦，也叫前秦。前秦有位知人善任的君主，名叫苻堅，他任用王猛做宰相；王猛替前秦奠定了良好的政治基礎，前秦逐漸強大起來，逐步統一了北方。和東晉南北對峙，前秦一心想消滅東晉。由於東晉實力薄弱，前秦君主苻堅就很藐視東晉，準備出兵攻打東晉，大臣苻融勸阻他說：「晉是漢族統一的政府，而且憑藉著長江的險固，又有人民擁戴，我們是不能攻打它的。」苻堅仗著自己國勢強盛，兵馬眾多，驕傲地說：「我統領著百萬大軍，每個人把鞭子投進長江裡，也足夠截斷長江的水流，驅眾前進，他們有什麼險固值得倚仗？」後來苻堅傾盡全國兵力，和東晉軍隊在淝水（源出於安徽合肥縣紫蓬山，分為兩條支流一條東流入巢湖，一條西北流入淮水。）岸上決戰，最終被晉軍的將領謝玄打敗了，前秦不久解體，東晉安定下來，這場有名的戰役，史稱「淝水之戰」。

吳起養兵

「吳起養兵」的故事告訴我們：吳起有一番謀略和本領，同時他在實行自己主張的過程中，也觸犯了許多人的利益，終於不能自保。

此典出自《史記．孫子吳起列傳》：「楚悼王素聞起賢，至則相楚。明法審令，捐不急之官，廢公族疏遠者，以撫養戰鬥之士。要在強兵，破馳說之言從橫者。於是南平百越；北並陳、蔡，卻三晉；西伐秦。諸侯患楚之強。故楚之貴戚盡欲害吳起。及悼王死，宗室大臣作亂而攻吳起，吳起走之王屍而伏之。擊起之徒因射刺吳起，並中悼王。悼王既葬，太子立，乃使令尹盡誅射吳起而並中王屍者。坐射起而夷宗死者七十餘家。」

楚悼王（楚惠王的曾孫，楚昭王第四代的孫子）向來知道吳起的才幹，拜他為相國。吳起非常感激楚悼王，就竭盡全力要給楚國做一番事業。他提出了富國強兵的計策，對楚悼王說：「楚國有好幾千里的土地，一百多萬的士兵，當初也做過諸侯的盟主。到了今天，反倒不敢跟列國去爭個高低，還不是因為養兵的辦法不好嗎？一個國家要打算把兵馬訓練成百戰百勝的軍隊，就必須要提高士兵的待遇。要提高士兵的待遇，首先要整頓財務。楚國的財物不是不豐富，也不是生產不夠，毛病就在財務的分配太不合理。富裕的人太富裕，窮苦的人太窮苦。比方說，有名無實的大官，拿錢不幹事的大夫，還有那些遠房的貴族，他們沒發揮什麼作用，沒做出貢獻只是白拿國家俸祿，白吃白喝，耗費國家錢財。可是士兵平常連肚子都填不飽，哪還能夠養活家人呢？

要叫這些士兵打仗，不貪生怕死才怪呢！如果大王依照我的辦法把那些沒用的、多餘的、掛名的官員們都裁掉，叫那些遠房的親族們自己去耕作，國家就能節省很多錢財和糧食。把這些省下來的錢財和糧食拿出些優待英勇的將士，將士的待遇就能提高。如能這麼做，軍隊再不強大的話，請把我定罪！」楚悼王覺得這確實是富國強兵的好辦法，就讓吳起負責去做這件事。

吳起奉了楚悼王的命令，著手編定官員等級，訂出懲罰貪汙和獎賞有功人員的辦法。用很嚴厲的手段，把多餘的和掛名的官員裁去。大臣的子弟不能倚仗父兄的勢力或者用賄賂當官，功臣子孫五代以後不能再靠祖宗功勞繼承爵位。不到五代的功臣子孫必須按著等次減少俸祿。祖宗有功超出了五代的必須自食其力，國家不再供養。

經過吳起的一系列改革，國家的錢財增多了。他挑選精銳壯丁，加緊訓練，並按其才幹增加糧餉。士兵待遇比從前高了幾倍。一個有能力的小兵比遠門的貴族還強！楚國士兵都感激他，都願替國家出力。於是楚國軍隊在短時間內就威名遠颺了。在南邊收服了百越（百越，也寫做百粵，當時南方各部族的總稱），西邊打敗了秦國。中原各國，像齊國、韓國、趙國、魏國從此不敢得罪楚國了。

先禮後兵

「先禮後兵」意即先以禮節相待，後用強硬手段或武力解決。

此典出自《三國演義》第十一回《劉皇叔北海救孔融，呂溫侯濮陽破曹操》：「郭嘉諫曰：『劉備遠來救援，先禮後兵，主公當用好言答之，以慢備心；然後進兵攻城，城可破也。』」

東漢末年，北海相孔融被黃巾起義軍的管亥部隊圍困，情況緊急。他派人衝出重圍，向劉備求援。剛結束戰鬥，徐州太守陶謙又派人來告急，說徐州被曹操兵馬圍住，請求劉備去解燃眉之急。

劉備率領關羽、張飛和趙雲，衝入曹軍，殺出一條血路，長驅直入徐州城內。陶謙將劉備請入府衙，取出徐州牌印，讓給劉備，說：「目下國事紛亂，朝綱不振，你是漢室宗親，正該力扶社稷。我已年老昏庸，情願將徐州相讓……」

劉備推辭說：「我功微德薄，今來相救本是出自大義，怎敢有吞併之心？」

二人互相推辭，沒有結果，府吏們相勸說：「今日兵臨城下，首先應該商議退兵之計，讓位之事可留待日後再議。」劉備贊成說：「我先給曹操寫封信，勸他退兵，若他不答應，再與他交戰也不晚。」

劉備寫道：「目前國內憂患無窮，董卓的餘黨沒有肅清，造反的農民到處都是。你應該以朝廷為重，不要圖報私仇，你如果撤回徐州之兵，以救國難，那是天下的幸事！」

曹操看完信，火冒三丈，大發雷霆，罵道：「劉備是什麼人？膽敢來教訓我！將送信的人給我斬首，全軍上下馬上攻城，我看他劉備到底有什麼能耐！」

曹操手下有一位謀士，名叫郭嘉。他是深謀遠慮的人。他看曹操怒不可遏，便好言相勸說：「不能這樣，劉備遠來救援，先禮後兵，是很合乎禮節的。我們千萬不能魯莽，也應用好話去安撫他，鬆懈他們的鬥志，然後再攻城，就會易如反掌了。」曹操聽從了郭嘉的意見，款待送信的使者，又給劉備寫了一封回信。曹操正在與使者閒聊的時候，忽然有斥候急報，說呂布的軍隊已經攻破兗州，正在進攻濮陽，曹操頓時驚恐萬狀，大聲喊道：「兗州危急，我們無家可歸了，馬上撤出徐州！」

郭嘉下達了撤軍的命令，然後對曹操說：「我們可以賣個人情給劉備，就說看

在他的面子上我們退軍了！」

曹操會心地點了點頭，又重新寫了一封信給劉備。

先聲奪人

「先聲奪人」表示先以強大的聲勢摧折敵方的士氣。

此典出自《左傳・昭公二十一年》：「《軍志》有之，先人有奪人之心，後人有待其衰。」

春秋時代，宋國的司馬華費逐有三個兒子：華貙、華多僚、華登。華多僚深受宋國國君信任。他經常說兩個弟兄的壞話，華登被逼逃亡到國外。他又對宋公說：「華貙這個人總和反叛的人來往，留著他後患無窮！」

宋公決定打發華貙到國外去，華貙明知這是華多僚的詭計，就和侍從一起殺了他，並召集逃亡的人一起反叛宋國，宋公請來齊國的烏枝鳴幫助防守城池。

這年冬天，逃亡在外的華登率領吳國軍隊來支援華貙。眼看華登的隊伍朝宋國奔來，廚邑的大夫濮對烏枝鳴說：「兵書上說：先張揚自己的聲威，可以摧毀敵人的士氣；後向敵人進攻，要等待他們的士氣衰竭。現在華登的軍隊長途跋涉，還沒有安定下來，正是我們發起進攻的好時機。如果敵人穩住，勢頭也足，我們就難以打敗他們，到時後悔也來不及了。」

烏枝鳴聽從濮的建議，第二天就派兵迎擊華登，把吳軍打得大敗，俘虜兩個將領，華登領著殘兵敗將奮力抵抗，拚命向宋公殺去。宋公招抵不住，企圖逃跑。濮拉住他，說：「我是下臣，我可以為君王戰死，但不能護送君王逃跑，君王應該堅持住！」

說完，濮又朝軍士們喊：「凡是國君的戰士都把旗幟揮舞起來！」

軍士們拚命地舞動旗幟，士氣很足。這時宋公也儘量壯起膽子，對軍士說：「如果國家敗亡了，國君死去，也是大家的恥辱，這不僅是我一個人的罪過，大家拚死戰鬥吧！」

烏枝鳴命令軍士揮起利劍與華登拚搏。齊軍和宋軍一塊攻擊華登，華登支持不住，節節敗退。濮衝鋒在前，一個人刺死華登，將他的頭砍下，裹在戰袍裡，一邊奔跑一邊狂呼：「我斬了華登，我斬了華登！」

這次戰爭以宋公獲勝而告終。

偃旗息鼓

「偃旗息鼓」用以說明戰鬥的休止；也比喻一切爭吵或動亂的平息；還可以用來說明一些不法之事因被追查得緊而暫時停頓。

此典出自《三國志．蜀書．趙雲傳》：「雲入營，更大開門，偃旗息鼓，公疑有伏兵，引去。」

三國時代，黃忠在定軍山下把曹操大將夏侯淵殺死，曹操親自率領軍隊二十萬來替夏侯淵報仇；並派張郃搬運糧草屯在漢水北山的腳下。黃忠和趙雲奉命一同去燒劫糧草。後來趙雲見黃忠和張著被曹兵分開圍住，不能脫身，就奮勇刺死了曹操部將慕容烈和焦炳，打敗了張郃和徐晃，這才救出了黃忠和張著。

曹操在高山上看見趙雲如此英勇善戰，所到之處，曹軍節節敗退，心裡非常惱怒。隨即親自帶領大軍下山助戰。趙雲的部下張翼看見趙雲的後面有強大軍馬追來，就請趙雲下令關緊寨門。趙雲堅決不肯，反而命令大開寨門，放倒旗幟，停止擂鼓；在寨外戰壕裡面埋伏下弓箭手。他自己獨自騎著馬，提著搶，站在營寨的門口。

曹操趕到，下令急攻，可是看見趙雲仍然威風凜凜地站著不動，卻又向後急退。趙雲趁勢把手一招，戰壕裡立刻萬箭齊發。曹操不知趙雲到底埋伏了多少兵馬，首先撥馬逃走，其餘將領也在後面爭著逃命，趙雲和黃忠率軍在後面緊追不捨，終於占領了曹軍營寨，奪取了曹軍糧草。

揚長避短

「揚長避短」指在戰爭中，應掩蓋自己的劣勢，發揮自己的優勢。

此典出自《史記．淮陰侯列傳》：「不以短擊長，而以長擊短。」

楚漢之爭時，韓信率領數萬軍隊，東經井陘進攻趙國。趙王趙歇、丞丁陳餘知道這個消息後，立即發兵二十萬駐紮在險要的井陘道口。謀臣李左車建議說：「韓信的軍隊長驅而來，就像鋒利的刀口一樣銳不可當，大王不要與他正面交鋒為好。請大王借給我三萬士兵，從小路去襲擊韓信的後方，燒毀糧草，不到十日，韓信的頭就可到大王帳下。」陳餘反對說：「韓信的軍隊本來不多，又不遠千里來襲擊我們，對這樣疲憊之師，何必用偷襲方法！」趙王拒絕了李左車的建議。

後來，韓信在井陘口擊敗趙軍，活捉了李左車，李左車被帶到韓信面前，韓信請他上坐，並親自為他解開繩索，拜為老師。李左車非常感動。韓信想乘勝進攻北方燕地和東方齊地，就徵求李左車的意見。李左車說：「敗軍之將談不上勇氣，亡國大夫僥倖活命。我當了俘虜，哪有臉面與將軍一起討論軍事大事！」韓信安慰說：「先生是趙國的傑出人才，只是趙王不採納你的意見罷了；否則，當俘虜的可能就是我了！」李左車見韓信一片真誠，就將自己的想法說了出來。他說：「將軍一舉攻下井陘，擊敗趙國二十萬大軍，威震天下，名揚海內，這是將軍的長處；但將軍的軍隊連續行軍，已經疲憊不堪了，很難再遠行打仗，這是將軍的短處。善於用兵的人不以短處攻別人的長處，而是以自己的長處進攻別人的短處。所以，現在應讓將士休息，同時利用戰勝後的軍威，致書燕、齊，進行政治攻勢，使他們望風歸順。」

韓信聽後，高興地說：「這正符合我的心意！」

用兵如神

「用兵如神」形容非常善於指揮軍隊作戰。

此典出自《三國演義》第六十四回：「張任看見孔明軍伍不齊，在馬上冷笑曰：『人說諸葛亮用兵如神，原來有名無實。』」

東漢末年，諸葛亮向劉備提出占據荊、益兩州，謀取西南各族統治者的支持，聯合孫權對抗曹操，統一全國的建議，被劉備採納了。建安十八年，劉備留諸葛亮等鎮守荊州，親自率兵進入益州。第二年，諸葛亮領兵來到雒城支援劉備。諸葛亮得知張任是益州名將，便決定想法先捉住張任，然後再攻雒城。諸葛亮乘馬來到雒城東面的金雁橋邊，繞河看了一遍，回營後便吩咐張飛、趙雲、黃忠、魏延等人埋伏在金雁橋附近，以便抓獲張任。

一切安排妥當，諸葛亮便親自去引誘張任。只見他乘坐一輛四輪車，搖著羽毛扇，帶著一隊不整齊的人馬，迎著張任而來。對陣以後，諸葛亮指著張任說：「曹操雖有百萬大軍，聽說我的名字也望風而逃，你是什麼人，還不趕快投降？」張任見諸葛亮軍伍不齊，便在馬上冷笑說：「別人都說諸葛亮用兵如神，原來有名無實！」說著把槍一揮，他手下的士兵一起殺了過來。諸葛亮棄了四輪車，上馬退過橋去。張任不知是計，在後面緊追不捨。過了金雁橋，張任見左右皆有埋伏，知道中計了，掉頭想回去時，橋已被拆斷了，最後終於被張飛活捉。劉備勸張任投降，張任寧死不降，諸葛亮便派人把他殺了。

斬將刈旗

「斬將刈旗」比喻將士勇猛殺敵。

此典出自《史記・項羽本紀》：「原為諸君快戰……為諸君潰圍，斬將、刈旗。」

秦末，劉邦將項羽圍困在垓下，項羽趁夜黑率領八百多名士兵向南突圍。天亮時分，漢軍發覺項羽逃走，騎將灌嬰立刻帶領五千騎兵追擊。

項羽突圍後渡過淮河，發現跟隨的人只有一百多人。他們沿著陰陵道繼續南行，不覺迷失了方向。他們發現前面有一個農夫，就去問路，農夫痛恨項羽的殘暴，就欺騙他們說：「往左邊走。」原來左邊通往沼澤地。項羽他們走到沼澤地邊，看到道路不通，只好原路返回，正好碰上漢軍的追兵。這時，項羽的手下僅有二十八騎，漢軍卻是漫山遍野。項羽失望地對手下說：「我起兵到現在已經八年了，身經七十餘戰，所向無敵。今天看來卻要滅亡了。在臨死之前，我斬掉敵人的大將，砍倒敵人的大旗，痛痛快快地打一仗給你們看看。讓你們知道，這是上天要滅亡我，並不是我無能而戰敗。」說罷，項羽將手下分成四隊，向四方突圍，約定在山的東面集合。項羽身先士卒，大喝一聲，催馬奔向漢軍，沖到一漢將面前，手起刀落，斬下他的頭，然後又驅馬左右馳騁，迫使漢軍紛紛後退。項羽只丟失了兩名騎兵。他笑著對士兵說：「這一仗打得怎麼樣？」士兵都跪在地上說：「大王說的一點不假！」漢軍被項羽這麼橫衝了一下，好一陣才回過神來，於是又將隊伍分成三支把項羽包圍起來。項羽奮力拚殺，殺死一名漢將，一百多名士兵，最後衝出了包圍圈。

招兵買馬

「招兵買馬」原指組織、擴充軍隊。後亦比喻組織或擴充人員，有時用於貶義。

此典出自明代毛晉《六十種曲．白兔記》：「老夫我打聽太原并州岳節度使招軍買馬，積草囤糧；你武藝過人，如何不去？倘然一刀兩劍取個前程，有何不可？」

五代殘唐時代劉知遠，因父母早死，生活困難，青年時流落在外，被徐州沛縣李家莊李員外收為義子。李員外見劉知遠相貌不凡，知他日後定會發達，便將三女兒許配給他。成婚不久，李員外夫妻都去世了。大兒子李洪見劉知遠是個窮光蛋，就要求三妹改嫁；誰知計未得逞，反被劉知遠痛打一頓。這件事被李三姐的三叔知道了。李三叔本來是同情劉知遠的，他們成親的時候，李三叔是媒人，為此，他便向劉知遠說：「老夫我打聽太原并州岳節度使招軍買馬，積草囤糧；你武藝過人，為什麼不去呢？如果能謀個前程，有何不可？」劉知遠聽從了李三叔的意見，便去投奔了并州節度使。

劉知遠到并州投奔節度使岳勛之後，先做更夫，後為軍士。因在平亂中立了大功，被朝廷封為九州安撫使。

枕戈待旦

「枕戈待旦」比喻枕著武器躺著，等待天明。後用以「誓死抵抗」之意。

此典出自《晉書．劉琨傳》：「琨少負志氣，有縱橫之才，……與范陽祖逖為友，聞逖被用，與親故書曰：『吾枕戈待旦，志梟逆虜，常恐祖生先吾著鞭。』」

劉琨，字越行，西晉末年魏昌人，具有豐富卓越的軍事才能，詩文也非常好。愍帝時，做過都督，統轄並、冀、幽三州的軍事。

年輕時，劉琨和祖逖關係很好，他們同做司州主簿，國家經常遭受外敵侵略，他們都立下大志，準備為國效勞。兩個人常在半夜裡聽見雞叫便起床學習舞劍，以此鍛鍊自己的本領。

後來劉琨聽說祖逖得到重用，立下戰功，他心裡非常激動，一連寫了許多封信給他的親友們說：「我平日『枕戈待旦』，立志要消滅凶殘的敵人。深怕祖逖先我著鞭……」

直搗黃龍

「直搗黃龍」比喻一鼓作氣拿下敵人的老巢，取得戰鬥的最後勝利。

此典出自《宋史．岳飛傳》：「飛大喜，語其下曰：『今番直抵黃龍府，與諸者痛飲耳。』」

岳飛，字鵬舉，相州湯陰人。他年輕時精通兵法，武藝過人。

二十歲時，岳飛報名參軍，任秉義郎（下級軍官）。他奮勇殺敵，多次立下戰功，職位不斷升高，最終成為南宋主要的抗金將領。

紹興五年，岳飛任靖遠節度使，為了壯大隊伍，收復北方失地，他派部下梁興等人去兩河一帶宣傳他的主張，號召義軍與官兵聯合抗金。義軍紛紛歸附岳飛，打上「岳」字旗號。頓時，「岳家軍」聲勢浩大，震動天下，所到之處，父老百姓爭著拉車牽牛，運來糧食歡迎岳家軍到來，在道路兩旁焚香跪拜。金兵聽說岳家軍已經來到了，往往不戰而敗。金主兀朮想調動軍隊抵抗岳飛，但河北沒有一個人響應，兀朮嘆息道：「從我在北方起事以來，還沒有受過這麼巨大的挫折。」金兵主帥烏陵思一向是剛勇而狡猾，這時也沒有辦法控制他的部下，只好勸慰他們說：「我們不要輕舉妄動，等岳家軍一來就投降。」在岳家軍的震懾下，金兵統制王鎮、統領崔慶紛紛歸降岳飛，金將軍韓常也打算帶五萬人馬祕密投降。抗金形勢大好，收復北方失地，奪取最後勝利指日可待。岳飛異常興奮，對部下說：「直抵黃龍府，與你們痛飲一場！」

暗渡陳倉

「暗渡陳倉」是人們在軍事生活中，使用較多的一句成語，典出《史記・高祖本紀》。常用來形容一邊迷惑、麻痺對方，一邊偷偷摸摸地暗中活動，出其不意，達到了某種目的。

秦朝末年，項羽和劉邦都有獨霸天下的野心。西元前二〇六年正月，項羽在推翻秦王朝後封地、封王，他知道劉邦不好對付，有意將劉邦封為漢王，領地限制在當時偏僻的巴蜀和漢中一帶。劉邦很是不服，但當時自己的實力不足以與項羽抗衡，只好領兵西上，開往漢中的南鄭城。在通往南鄭的路上，有綿延幾百里的棧道。棧道是在險峻的懸崖絕壁上鑿孔支架木樁，鋪上木板而成的窄小通道。劉邦接受謀士張良的計策，將走過的棧道全部燒毀。這樣既有利於自己的防禦，又可以迷惑項羽。因為項羽為防劉邦日後與自己爭天下，把他東進必經的關中分為三部分，封秦朝的三個降將章邯、司馬欣、董翳為王，號稱三秦，擁重兵把守。燒毀棧道，既向項羽表示劉邦無意東進，又鬆懈了三秦對劉邦的戒備和防守。

西元前二〇六年八月，劉邦拜韓信為破楚大將軍。韓信命大將樊噲帶一萬人大張旗鼓地去修復棧道。由於山路崎嶇，棧道全部焚毀，將士們連立足的地方都沒有。樊噲心中暗暗叫苦，如此工程，就是十萬人一年也修不完哪！消息傳到把守關中第一道關口的老將鄣邯耳朵裡，也很是不以為然。

哪知韓信親率三萬精兵，祕密從孤雲嶺雨腳山後，沿陳倉小路疾行，將士們棄馬步行，不顧山道曲折，披荊斬棘，晝夜兼程，僅半個月的時間，突然就出現在了關中。鄣邯聽到消息，大驚失色。由於疏於防備，一時手足無措，不知如何是好。而此時，漢軍先鋒樊噲已經開始攻城了。鄣邯只得倉促披掛上陣，開城迎戰。結果連敗三陣，丟了三座城池，所帶精兵所剩無幾。鄣邯恐怕被韓信活捉，有辱一世威名，惱羞成怒，拔劍自刎。

此後，韓信又連破司馬欣和董翳，收取關中，直搗咸陽，楚漢相爭從此拉開了帷幕。四年後，也就是西元前二〇二年，劉邦最終擊敗了項羽，統一了天下，建立了漢朝。

楚漢相爭是從「明修棧道、暗渡陳倉」開始的。劉邦最終取得勝利的結局，使人們把它作為重要的軍事謀略廣為傳頌。而它的使用也逐漸走出軍事領域，成為人

們在日常生活中表達類似做法的一句成語。這句成語，也有人稱作「明修暗渡」，意思是一樣的。

出奇制勝

「出奇制勝」意思是說用奇計制伏敵人，取得勝利。比喻用出人意料的辦法取勝。

此典出自《史記．田單列傳》：「兵以正合，以奇勝。善之者，出奇無窮。奇正還相生，如環之無端。」

戰國時，齊湣王田地驕傲自大，腐化墮落，不理朝政。附近的燕國乘機派大將樂毅帶領五十萬精兵，聯合秦、趙、魏、韓四國一起攻打齊國，把齊兵打得潰不成軍，占領了齊國七十座城，只剩下莒城和即墨兩個小城沒被攻破。田地也在逃亡中被人殺死。

剛開始齊國的老百姓非常痛恨田地，根本無心抗敵，但後來他們看到燕兵姦淫擄掠，感到了國破家亡的痛苦，便紛紛逃往莒城和即墨，誓死守城抗敵。不久，即墨大夫死了，大家就推舉田單做守城將領。

田單是齊王的遠族，很有智謀，又懂得兵法，他帶領全城軍民奮力守城，樂毅圍城三年，無法攻下這座小城。一天，田單知道燕昭王死了，他便派人到燕京去散布流言，離間燕王和樂毅之間的關係，燕王便派騎劫去取代樂毅。

騎劫是個殘暴而愚蠢的人，他到了齊國以後，經常虐待士兵，導致全軍士氣低落，毫無鬥志。田單便乘機突然發動反攻，在夜晚用火牛車大破燕兵，只用了幾個月，便完全收復了失地。因而齊人稱田單為「齊國之父」。司馬遷在《史記‧田單列傳》中讚揚他說：「兵以正合，以奇勝，善之者，出奇無窮，奇正還相生。」

網開三面

此典出自《呂氏春秋．異用》：「湯見祝網者置四面，其祝曰：『從天墜者，從地出者，從四方來者，皆離吾網。』湯曰：「嘻，盡之矣！非桀其孰為此也？「湯收其三面，置其一面。」

《呂氏春秋》中這段話的大意是說，把捕捉禽獸的網打開三面。後多用來比喻對犯錯誤或有罪之人寬大處理。這是關於「網開三面」這個典故的最早記載。今天我們常說「網開一面」，其實是由「網開三面」演變而來的，說的是一個意思。那麼，這個典故與軍事又有什麼連繫呢？

這得追溯到上古夏朝的末代，當時的天子桀是中國歷史上臭名昭著的昏君。他暴虐無道，不理朝政，成天和寵愛的妃子妹喜在傾宮中尋歡作樂，過著極其荒淫糜爛的生活。為博得妹喜的歡心，桀命人在傾宮的花園裡挖一個大池子，裡面灌滿美酒，池邊的樹上掛滿肉脯，叫做「酒池肉林」。每天，他與妹喜在池上泛舟，看宮女們趴在池邊飲酒，採摘肉脯；還下令民間每天進貢一百匹帛來，讓力氣大的宮女撕給妹喜聽。

大夫關龍逢看不下去，冒死勸諫。桀勃然大怒，當場就將關龍逢斬首。從此，再也沒人敢直言進諫。老百姓的生活苦不堪言。

當時，在夏的東面有一個諸侯國叫商，商的國君是湯，非常賢明。他極力實行仁政，團結鄰近的諸侯，使商的國力日益強盛。

湯在伊尹的輔佐下，團結了中原地區的許多諸侯國，積極進行著滅夏的準備。可是，漢水以南還有四十個諸侯國沒有歸附，使湯不敢貿然興兵。

一天，湯到郊外散步，看見一位獵人在野地裡張網。獵人把四面的網張好以後，拱手對天禱告說：「天上掉下來的，地裡跑出來的，四方經過的，通通進入我的網裡來！」

湯聽了禱告，就說：「嗨，這麼一來，所有的飛禽走獸不都一網打盡了嗎？除了桀以外，誰會這樣做呢？」於是，湯命令獵人把網撤掉三面，只留下一面來捕捉禽獸。

商湯「網開三面」的事，很快傳到了漢水以南，感動了所有的諸侯。大家都說湯是一位賢君，連禽獸都不忍心多加傷害，紛紛表示願意歸附。

湯得到了漢南諸侯的擁戴後，立即出兵討伐夏桀。夏朝的軍隊被打得落花流水，桀也當了俘虜，後被商湯放逐到南巢，就是現在的安徽巢縣西南，後來就死在那裡。湯滅了夏以後，建立了商朝。

同心同德

此典出自《書．泰誓》：「受（紂）有億兆夷人，離心離德；予有亂臣十人，同心同德。」

這段話就是「同心同德」這個典故的最早出處。它的意思是：商紂王雖然俘虜了很多奴隸，編入軍隊，但周武王有能夠治理國家的良臣，並人心一致，行動統一。「亂臣」在這裡指「良臣」。

這個故事源於西元前十一世紀，在歷史上屬商朝的末期。當時，商紂王暴虐無道，陝西有個姓周的部族首領叫姬發（周武王），他開始興兵討伐紂王。

周武王親自率領三百輛戰車，三千名勇士，還有四萬五千名穿著盔甲的士兵出潼關，駐紮在黃河北岸。

周武王知道，對付紂王，光憑自己手中的這點兵力還是不夠的。所以，他又聯合了西南的八個部族，在距當時的商都——朝歌七十里的牧野（今河南淇縣西南），舉行誓師大會，聲討紂王的罪行。

同心同德

周武王在這個誓師大會上宣讀的誓詞名叫《泰誓》，「同心同德」就出自這裡邊。

《泰誓》中稱，紂王雖然有很多的奴隸，但他們思想不統一，信念也不一致；而我方雖只有治國的能臣十人，但思想統一，信念一致。《泰誓》中接著還有一段話：大家要團結一心，為同一個目標共同戰鬥，就一定能夠取得勝利，建立功勛，讓天下永遠享受太平。

當時所有的將士，聽了周武王的誓詞後，鬥志昂揚，軍心大振。此後，在牧野與前來應戰的商朝大軍展開了血戰——這就是歷史上著名的「牧野之戰」。商朝的將士和奴隸不願為紂王賣命，在激烈的戰鬥中紛紛倒戈，發動起義。結果是紂王兵敗自焚，商朝從此滅亡了。周武王建立了新的王朝——周朝。

紂王與民眾離心離德，最後國破身亡；武王與民眾同心同德，取得了勝利。一反一正，兩相對照，我們不難發現，一個國家民族內部團結，同心同德，該是多麼重要。

唇亡齒寒

此典出自《左傳．僖公五年》：「晉侯復假道於虞以伐虢。宮之奇諫曰：『虢，虞之表也；虢亡，虞必從之。』……諺所謂『輔車相依，唇亡齒寒』者，其虞、虢之謂也。」

上面這段話的中心意思是：失去了嘴唇，牙齒就會感到寒冷，用之形容利害休戚相關。這是「唇亡齒寒」這個典故的最早文字記載。

故事說的是春秋時期，強大的晉國想一舉消滅自己周圍相對弱小的兩個小國——虢國和虞國。晉國的國君晉獻公與大臣們商量，大臣們建議：

虢國和虞國相互依存，並而去之，困難太大。最好藉口攻打虢國，向虞國的國君虞公借道，這樣就可以今日「取虢」而明日「取虞」，一箭雙鵰。晉獻公一聽，覺得這個計謀雖然很好，但不知道虞公肯不肯借道！大臣荀息說，虞公這個人很貪財物，如果你送上美玉良馬，虞公不會不答應的。這良馬和美玉，是晉獻公最珍愛的兩件寶貝，晉獻公很是有點捨不得。荀息又進言道：「等滅了虢國和虞國，這些寶貝還不都是你的。只不過是暫放在他那裡罷了。」

荀息終於說服了晉獻公，帶上良馬美玉出使虞國。虞公一見這麼好的寶貝，頓時眉開眼笑，答應借道給晉國。

虞國有個大臣，叫宮之奇，趕忙向虞公勸道：「俗話說『唇亡齒寒』，失去了嘴唇，牙齒也就難保了。虞、虢兩國，唇齒相依，虢國一亡，虞國也就跟著完了。借道是萬萬不行的。」

貪財的虞公根本聽不進宮之奇的勸諫，收下了良馬、美玉，讓晉兵借道攻打虢國。

宮之奇見虞公執迷不悟，仰天長嘆，為了避免戰亂，只好帶著家眷離開了虞國。

晉軍透過虞國，直接攻打虢國都城。虢軍根本就沒想到晉軍會從虞國那邊打過來，一時措手不及，虢國一下子就被晉軍滅亡了。

晉軍滅掉了虢國，從原路回師，虞公親自到城外迎接晉軍，慶賀勝利。晉軍趁其不備，蜂擁而上，將虞公及其大臣通通捉住，並搜出當初進獻的良馬、美玉。虞公，懊悔當初不聽宮之奇「唇亡齒寒」的勸告，但哪裡還來得及呢！

虞國為了眼前的一點利益，居然拋棄了虢國這個策略夥伴，最終自食亡國之恨，教訓是極為深刻的。

退避三舍

此典出自《左傳・僖公二十三年》：「晉、楚治兵，遇於中原，其辟君三舍。」《左傳》中的這段文字意思是說，晉國和楚國交戰於中原地區，晉軍主動退師迴避九十里。古漢語中的「辟」跟我們今天的「避」，「舍」是春秋時期表示軍隊行軍作戰距離的計量單位。一舍相當於三十里。故事呢，要從重耳亡楚開始說起。

春秋時期，由於權位之爭，晉獻公的兩個兒子，申生被殺，重耳為躲避陷害，被迫遠走他國。在楚國避難時，楚成王以禮相待，不僅陪著重耳打獵聊天，而且吃、住均享受王侯的待遇，有國不能回的重耳很是感激。在一次招待重耳的宴會上，酒過數巡，楚成王漫不經心地對重耳說：「公子將來如果回到晉國，有朝一日做了國君，怎樣報答我呢？」重耳說：「各種寶物你都有，我真不知道用什麼東西報答你。」楚成王笑著說：「即使這樣，也一定要有所報答呀。」重耳回答：「如果仰仗你的威力，我能夠復國，願與楚國交好，使百姓安居樂業，要是萬一發生戰爭，戰場上我願退避三舍以報答你的大恩。」

西元前六三六年，晉國內部發生動亂，重耳在秦國穆公的支持下，由秦國的軍隊護送返回晉國。強大的秦軍一連攻克晉國幾座城池，朝野震動。人心所向，重耳終於結束了十九年的流亡生活，坐上了國君的位置，稱為晉文公。以後，由於採取了一系列有利發展的內外政策，晉國逐漸強大起來。西元前六三三年，為解救鄰國，晉楚兩國兵戎相見。

兩軍剛紮下營壘，晉文公就急於與楚軍交戰。大臣狐偃提醒他說：「主公當年曾對楚王說過，如果在戰場上相見，晉軍退兵三舍。現在就與楚軍交戰，是言而無信。主公不失信於普通人，更不能失信於楚王。」晉文公認為狐偃言之有理，就下令三軍退兵九十里，來到城濮，也就是今天的山東鄄城西南。楚軍以為晉軍怯陣，跟隨著追上來挑戰。其實，晉軍是把楚軍引入了對自己有利的戰場。

戰爭開始時，楚軍占優勢。晉軍退卻九十里，集中優勢兵力，先選擇楚軍力量薄弱的右翼，給以沉重打擊。同時，將主力偽裝退卻，誘使楚軍左翼追擊，然後兩面夾擊，又擊潰了楚軍的左翼。楚軍終於大敗而歸。主將成得臣自知無顏回國見父老鄉親，但心存僥倖，派兒子成大心代己向楚成王請求免予死罪，楚王不允，成得臣不得不拔劍自刎。

後來，人們就常用「退避三舍」這句成語來表示暫時的退讓和迴避，避免衝突，以至最終化被動為主動這樣一種狀態。

同仇敵愾

「同仇敵愾」這個典故，最早見於《詩經》，意思是指共同一致地對敵人抱著仇恨和憤怒的情緒。由於《詩經》是我國最早的一部詩歌專著，所以這個典故本身並沒有故事。它是春秋時秦軍中非常流行的一首從軍歌，歌名叫《無衣》。西元前六二三年，衛國的亞卿寧俞出使魯國時說過「敵王所愾，而獻其功」。這句話是「同仇敵愾」的典源，但把「同仇」與「敵愾」合為成語則是在西元前五〇六年。

當時，伍子胥為報殺父之仇，率吳國的軍隊攻破楚國的都城後，掘開楚平王的墓，刨出屍首，用鋼鞭把楚平王的屍首打得稀爛，這就是「伍員鞭屍」的典故。伍子胥還不解恨，又要找楚平王的兒子楚昭王討還血債。

伍子胥有個好友叫申包胥，他給伍子胥捎信說：「物極必反，你適可而止吧！」伍子胥不聽，回信說，為報殺父之仇，就顧不得楚國了。申包胥長嘆說：「子胥要滅楚，我豈能坐視不救！」

申包胥知道楚平王夫人是秦哀公的女兒，秦、楚兩國有甥舅之親，所以決定到秦國求救。

申包胥到秦國後，對秦哀公說：「吳若滅楚，便會進一步攻秦，請趕快派兵解救楚國。」秦哀公任憑申包胥怎麼說，就是不表態。

秦哀公讓申包胥先住下再慢慢計議。誰知這申包胥就站在宮廷之中，日夜號哭，他不脫衣，不睡覺，不吃不喝，哭了七天七夜。

秦哀公大為感動，就親自前去安慰申包胥，並唱道：「豈曰無衣？與子同袍。王於興師，修我長矛，與子同仇。……」

申包胥知道這是當時秦軍中的流行歌曲，是一首從軍歌，其歌詞大意是說：有衣同穿，有仇同報，整修武器，準備打仗。他知道秦哀公唱這首歌的意思是同意發兵，便三叩九拜，恢復了飲食。

申包胥終於請得秦兵，挽救了楚國。自從申包胥號哭秦廷後，「與子同仇」便被當時的人們稱道。後人用「同仇敵愾」表達共同一致對敵戰爭的決心。

止戈為武

此典出自《左傳・宣公十二年》：「非爾所知也，夫文，止戈為武。」「止戈為武」，作為成語，在實際生活中使用的並不多，但它卻包含了一個深刻的哲理。意思是說，什麼才算是真正的武功呢？不是打過多少勝仗，而是止息兵戈。

這個典故說的是：春秋時期，楚莊王用武力降伏了鄭國後，就打算撤兵回國。援助鄭國的晉國軍隊趕到時，戰爭已基本平息，晉軍統帥荀林父認為，沒有必要與楚軍再交戰，也準備撤軍。可是兩人的部將十分好戰，結果雙方終於打了起來。

楚軍襲擊了晉軍的中軍，荀林父準備不足，防禦也有漏洞，在楚軍的攻擊下，造成自己一片混亂。荀林父看楚軍來勢凶猛，一時難以抵抗，就下令說：「快上船過河，先過河的有重賞。」結果軍中士卒爭先恐後登船。先上船的人用戰刀砍斷正在攀舷的士兵手指，一時弄得哀聲震天，士氣大減。駕馭戰車的軍士從陸路慌忙退卻，而馬車又陷在泥坑裡，結果當了楚軍的俘虜，晉軍損失慘重，屍橫遍野，剩下的殘兵敗將趁著天黑渡河才逃了出來。

楚軍獲得全勝，將士異常自豪。一位將軍建議楚莊王說：「我聽說戰勝了敵人要建築一個紀念物，將來給子孫看，使他們不要忘了先人的武功。我看您也應該這樣做。就把晉軍屍首堆積起來，封土為丘，來紀念這次對晉國的勝利吧。」

楚莊王搖搖頭說：「你哪知道啊？你認識『武』字嗎？在甲骨文裡，『武』字是由『止』和『戈』兩字組成的，『止戈』才是武！止息兵戈才是真正的武功啊！武功應該具備七種德行，這就是禁止強暴、消除戰爭、保持強大、鞏固基業、安定百姓、團結民眾、增多財富。現在晉楚兩國交兵，士卒的屍骨暴露在野外，百姓生活不能安寧，這七種德行我一樣也沒有，拿什麼留給子孫，我是沒有武功的。我看，我們還是回國吧。」

楚莊王沒有修築紀念物以表彰這次戰功，很快就班師回國了。

成語「止戈為武」就是由此而來。後人用它表示透過正義的戰爭平息戰禍，最後求得和平。而「武」字的創立正是凝聚了祖先非凡的智慧和對軍事或戰爭行為目的的深刻理解。

一鼓作氣

此典出自《左傳．莊公十年》：「既克，公問其故。對曰：『夫戰，勇氣也。一鼓作氣，再而衰，三而竭。彼竭我盈，故克之。』」

成語「一鼓作氣」，最早就記載於《左傳》。文中的原意是，魯國的軍隊打敗了來犯的齊國軍隊，魯莊公問謀士曹劌是什麼緣故，曹劌回答：「打仗全憑一股氣勢，擊鼓就是叫人打起精神來。第一次的鼓，氣勢最盛；第二次的鼓就差了；到了第三次，鼓敲得再響，也不能帶動兵馬的勁頭了。趁著對方不備的時候，我們一鼓作氣打過去，怎麼會不贏呢？」這就是著名的「曹劌論戰」。

春秋時期，魯國與齊國在長勺發生戰爭。當時，強大的齊國出兵攻打魯國。魯莊公決心禦敵，苦於沒有謀士，經人推薦，名不見經傳的平民百姓曹劌，被帶到了魯莊公面前。魯莊公問他有什麼辦法可以擊退齊國軍隊，曹劌回答：「這很難說，打仗全憑隨機應變，沒有一成不變的法則可以遵循。」魯莊公聽後覺得有道理，就帶著曹劌和大軍直驅長勺。

魯國的軍隊到了長勺，擺好陣勢，與齊軍遙遙相對。嚴陣以待的齊軍即刻下令擊鼓進兵，全軍潮水般地湧來。魯莊公一聽對方鼓聲震天，就想叫魯軍也擂鼓對敵。曹劌馬上制止他說：「等一等，別跟他們交手。」魯莊公就下令：「不準喧嚷，不準開打。」齊國軍隊在鼓聲催促下衝了過來，卻遇到魯軍不為所動的嚴整陣容，只好退了回去。過了一會兒，齊軍又擂鼓衝鋒，魯軍仍然不動聲色，未見一人殺出來。齊軍找不到交鋒的對手，只能再次退回。這時，齊軍將士以為魯軍怯陣，只守不戰，不敢與自己交鋒。當第三次戰鼓擂響時，就有些懈怠，興趣索然地跑向魯軍。哪知此時，魯軍陣中忽然鼓聲大作，魯國將士霍地喊殺而出，刀砍箭射，毫無準備的齊軍頓時被打得七零八落，狼狽逃竄。魯軍乘勝追出齊軍三十多里，繳獲了大量的輜重和兵器。

戰後，魯莊公虛心地向曹劌請教。曹劌就說了文首的那段話。魯莊公欽佩地蹺起大拇指說：「你真可以說是一個精通軍事的將軍啊！」

成語「一鼓作氣」流傳了下來，但它的寓意，已經由原來戰鬥開始時，擊一次戰鼓以鼓舞士氣，轉變為用以形容振奮精神，鼓足幹勁，勇往直前。

老馬識途

此典出自《韓非子．說林上》：「管仲、隰朋從於桓公而伐孤竹，春往冬返，迷惑失道。管仲曰：『老馬之智可用也。』乃放老馬而隨之，遂得道。」

上面這段古文的大意是說，齊桓公等人迷失了方向，於是放馬領路，終於找到歸途。這就是我們今天所說的「老馬識途」典故的由來。

說到「老馬識途」這個典故，很自然地讓我們聯想到與它相關的另外幾個典故，如：「老馬知道」、「老馬知路」、「馬識路」、「馬識途」等。其實，它們都是「老馬識途」這個典故的翻新，因為這些典故都是用來比喻富有經驗、知曉是非的人。那麼，這個典故與軍事又有什麼連繫呢？

這個典故說的是西元前六六三年，齊國發兵討伐孤竹國（孤竹國位於今天的河北省盧龍縣南面）。當時，跟齊桓公出征的還有大夫管仲——他不僅知識淵博，而且足智多謀。

齊國軍隊討伐孤竹的這場戰爭，從春季開始，凱旋時已是冬天。由於齊軍不熟悉孤竹國的地理，加上風沙、濃霧遮天蔽日，齊軍在回師途中迷失了道路。

當時指南針還沒問世，更談不上現代化的通信工具。如此惡劣的氣候，使齊軍根本無法分辨南北東西。

管仲一看，如果這樣毫無目標地走下去，等糧草一盡，非得全軍覆沒不可。於是，他忙下令，將部隊集合起來，先紮下營，再想辦法。

部隊集合後，管仲發現齊軍進入了一個地勢險要的山谷，今天我們管這種地方叫「迷谷」。他先派出幾支人馬，分頭去尋找出路。

但是這個地方山高谷深，到處都是懸崖峭壁，派出去的人馬繞來繞去，就是找不到出口。

齊桓公非常焦急，一時不知道該怎麼辦才好。這時，管仲想了想，對齊桓公說：「我聽老人們講，動物識路，『狗記三千』，『貓記八百』，馬也許會有記路的本領，尤其是那些老馬。我們可以挑選幾匹，解開轠繩，看看這些老馬認不認得路。」齊桓公聽了覺得有道理，就讓管仲試試。

管仲讓人挑選了幾匹老馬，卸去籠頭，解開轠繩，放它們自由行走。這幾匹老馬又飢又渴，獲得自由後就沒命地向「家」的方向跑。齊國的大軍緊緊地跟在這些

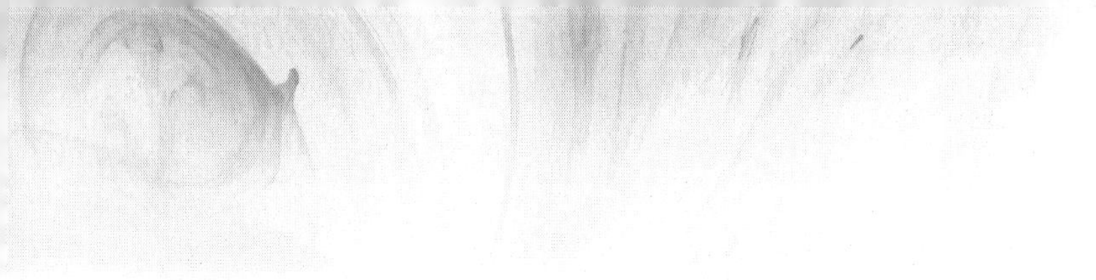

老馬的後面。老馬果然識途，齊軍終於走出了「迷谷」。

「老馬識途」這個典故，原意是說老馬認得出道路，今天多指有經驗的人對情況熟悉，能把事情辦好。一個「老」字，包含著經驗和智慧。

圖窮匕見

此典故最早記載在《戰國策·燕策三》中。

這個故事發生在西元前二二七年，燕國太子丹派刺客荊軻和一個叫秦舞陽的助手，去刺殺秦王，秦王就是秦始皇。荊軻、秦舞陽兩人為取得秦王的信任，保證刺殺成功，還帶了秦國叛將樊於期的人頭和藏著匕首的地圖，來到秦國。

秦王在咸陽宮接見了燕國的兩位使者。於是荊軻捧著裝人頭的盒子，秦舞陽捧著地圖上殿。由於秦王一向怕人行刺，所以規定沒有他的命令，任何人上殿都不準帶武器。他的衛士雖然允許帶武器，但只能站在殿外。

荊軻的助手秦舞陽年紀小，沒見過這種警衛森嚴的情景，頓時嚇得直哆嗦，連臉色都變了。幸虧荊軻沉著，才沒讓群臣看出來。

荊軻獻上督亢地圖，秦王喜上眉梢，因為這督亢之地是當時燕國最富的地方。燕國把這麼富裕的地方割讓給秦國，他能不高興嗎？秦王讓荊軻把地圖打開。

荊軻慢慢地把地圖展開，圖展盡時，露出一把明晃晃的匕首。秦王頓時大驚失色。荊軻趁機一下子撲上去，左手一把抓住秦王的袖子，右手緊握匕首向秦王刺去。誰知秦王力大驚人，掙脫開了，荊軻只撕下了秦王的半只袖子。

秦王想拔劍自衛，但寶劍太長，越急越是拔不出來，只得繞著殿上的柱子來回躲閃，殿前的衛士因為沒有命令，誰也不敢上殿。荊軻不顧一切地追著秦王，眼看就要刺著了。正在這時，秦王的御醫急中生智，將藥箱砸向荊軻，荊軻一愣，秦王趁機拔出寶劍，一劍就砍斷了荊軻的左腿。荊軻忍著劇痛，用力將匕首投向秦王，秦王一閃，匕首刺中了銅柱。

秦王又驚又恨，舉劍向手中已無寸鐵的荊軻連砍八劍，最後荊軻被一擁而上的衛士亂刀砍死。

太子丹指使荊軻刺殺秦王的事件，引發了秦王提前滅掉燕國的軍事行動。第二年，燕國就被秦滅亡了。

這個典故，在最早的時候，是屬褒義，後來經過演變，成了貶義。比喻事情發展到最後，形跡敗露，真相和本意就完全暴露出來。

完璧歸趙

此典出自《史記．廉頗藺相如列傳》：「相如曰：『王必無人，臣願奉璧往使。城入趙而璧留秦；城不入，臣請完璧歸趙。』」

這段話的意思是說，藺相如對趙國的國君表示，自己願意帶著和氏璧去秦國換十五座城池。如果秦國不給城，他會把和氏璧完好無損地帶回趙國。

戰國時，秦國的秦昭王聽說趙國得了個稀世之寶——和氏璧。此物呈平圓形，中間有個孔，是稀有的玉。秦昭王非常稀罕這個寶物，就派人送信給趙國的趙王，表示秦國願意以十五座城池來交換和氏璧。

當時，秦國非常強大，趙國比較弱小。趙王怕得罪秦國，找來大臣們商量，想找一個合適的人出使秦國。這時，趙國宮中太監總管繆賢向趙王推薦藺相如。說這個人膽大心細，足智多謀，由他來作為使者肯定能勝任。趙王正急得沒有辦法，就同意了，讓人請來了藺相如。

趙王見了藺相如後就問他：「你說，秦國的秦昭王想用十五座城池來跟我換和氏璧，是跟他換呢，還是不跟他換？」藺相如想了想，說：「秦國那麼強大，不能不給。」其實趙王也知道不給不行。於是他又問藺相如：「如果秦王得了璧，不給我城，怎麼辦？」藺相如說：「秦國主動提出來以城換璧，如果趙國不給璧，那是我國理虧；如果趙國給了璧而秦國不給城，那就是秦國理虧。權衡一下得失，寧可答應秦國，讓它去負不講理的責任。」

趙王想了想，覺得藺相如說得有理。那麼誰來當這個使者呢？藺相如拍著胸脯說：「如果沒有合適的人的話，我就去走一趟吧。秦國如果給我們城，我就把璧留在秦國；秦國如果只想要璧不給城，那我把完整的璧帶回趙國。」於是趙王應允了他的辦法。

藺相如到了秦國後，見到了秦王。秦王一看這和氏璧潔白無瑕、爍爍閃光，真是愛不釋手。他的大臣也紛紛爭相傳看，大臣們看完了，又送到後宮讓姬妾傳看，卻壓根兒不提交城的事。

藺相如見秦王根本就沒有交換的誠意，就心生一計，等和氏璧送回到秦王手中時，他走上前去說：「這璧上有個小斑點，請允許我指給大王看。」秦王便命令侍臣將璧遞給藺相如。

藺相如拿到和氏璧後，頓時聲色俱厲地說：「趙王齋戒五天，親手將國寶交給我，我這才奉璧來到秦國。而大王卻傲慢無禮，坐而受璧，只顧君臣觀賞，卻始終不提交城的事，可見以城換璧是騙人的託辭。所以，我要將璧收回，大王如果要逼我，我情願和璧一起撞個粉碎。」說著，藺相如裝出真就要撞的樣子。秦王怕和氏璧撞碎，那就太可惜了！忙賠不是。他讓大臣拿出地圖，裝模作樣地把要割給趙國的十五座城池指給藺相如看。

藺相如已經看透了秦王不過是裝裝樣子而已。便說：「和氏璧是天下公認的寶物，秦王也必須齋戒五天，然後以最高的禮節接受它。」秦王一看也沒有其他的辦法，只好答應了。

藺相如料定秦王不可能給趙國十五座城池。當天夜裡，他便派手下化裝成老百姓，帶著和氏璧回到趙國，實現了「完璧歸趙」的諾言。

紙上談兵

此典出自《史記．廉頗藺相如列傳》：「趙括自少時學兵法，言兵事，以天下莫能當。嘗與其父奢言兵事，奢不能難，然不謂善。」

上面這段文字，說的是戰國時期的趙國將軍趙括，很小的時候就習讀兵書，喜歡誇誇其談。有時，就連他的父親——身為趙國大將的趙奢都很難駁倒他。但趙奢堅持認為趙括並無真才實學。

趙奢，通曉兵法，英勇善戰，當時很受趙國國君趙惠王的器重，被趙惠王封為馬服君，地位與廉頗、藺相如並列。

趙奢的兒子趙括，從小喜歡讀兵書，有的兵書，他能大段大段地倒背如流，就連他的父親趙奢也說不過他。日子長了，趙括便以為天下沒有人能比得上自己了。

趙括的母親看到兒子這樣，認為很有出息，不免常常在丈夫面前誇耀。誰知趙奢卻不以為然地說：「用兵事關國家安危，他卻說得那麼簡單容易，實際上他只會紙上談兵。將來如果趙王讓他領兵，必敗無疑。」

西元前二六〇年，秦國發兵侵略趙國，趙國的新君趙孝成王派老將廉頗迎戰。廉頗一看秦軍太強大了，就在長平，也就是今天的山西高平縣北固守，一守就是三年。

秦軍遠道而來，本想速戰速決。現在，廉頗堅守不出，一時無法取勝，就派人到趙國去散布謠言，說廉頗老了，膽也小了。如果派趙括擔任主將，秦軍必敗。

趙國的國王果然中了計，準備起用趙括做主將。大臣藺相如和趙括的父親都勸趙王，說趙括沒有實踐經驗，只會紙上談兵，萬萬不能作為主將。但趙王是死活也聽不進去，不僅任命趙括為主將，還賞了好多的黃金、絲綢給趙括。

趙括到了長平後，接過了帥印，立即改變了廉頗的兵力部署，一切按兵書上寫的去做。這時，秦國也換了主帥，任命白起為上將軍。白起這個人物可不一般，他曾帶領秦軍轉戰韓國、魏國、楚國，屢戰屢勝。不講實際的趙括，此時卻改堅守為速戰，主動出城與白起硬拚，白起對脫離有利陣地的趙軍予以分割包圍。

四十多天後，趙軍糧盡援絕，軍心渙散。趙括率領一支精兵突圍，還沒衝出多遠，就被秦兵亂箭射死了，這主將一死，群龍無首。趙國四十萬大軍隨後全部投降了秦軍，白起一看這麼多的俘虜，怕看押不住，就把趙國的四十萬將士全部都活埋了。

長平之戰，由於趙括只會「紙上談兵」，而不從實際出發，最終導致了趙軍慘敗。

因勢利導

此典出自《史記‧孫子吳起列傳》：「善戰者因其勢而利導之。」

此話大意說的是：順著事物發展的趨勢，加以引導。

西元前三四二年，魏國攻打韓國，韓國向齊國求救。齊威王一時拿不定主意，於是把大臣們都召集起來，商量對策。大臣們都到齊了以後，齊威王就問：「韓國派使者來向我求救，我們是早去救好，還是晚去救好？」齊威王這一問，他手下的大臣們馬上就議論開了，成侯的意見是不救，田忌的意見相反。他認為，韓國被打敗了，必然依附魏國，還是早點去救為上策。

正當雙方意見相持不下時，孫臏站出來說：「現在韓、魏尚未正式交戰，如果早去援救，我國將代替韓國與魏國作戰，勢必蒙受極大的損失；不如等他們雙方的實力都消耗得差不多時，我們再出兵相救，這時可以名利雙收。」齊威王認為這個意見很好，就答應韓國的使者，請他回去轉告韓王，齊國會出兵相救。

韓國有了齊國作後盾，就拚命地抵禦魏國大軍的進攻。雙方交戰五次，但韓國五次都遭到失敗，只好再派人向齊國求救。

齊威王一看是時候了，就派田忌為大將，孫臏為軍師，發兵救韓。孫臏仍用十三年前圍魏救趙的老辦法，他不去與魏國的大部隊正面交鋒，而是避實就虛，揮師直逼魏國的都城大梁。

魏軍的主將龐涓聽到這個消息後，馬上把軍隊從韓國回撤，沒想到，這時的齊國大軍已經越過邊界，進入魏國境內。

孫臏早料到龐涓勢必回撤，就對田忌獻策說：「魏軍向來強悍勇敢，輕視齊國，以為我軍不敢和他們作戰。會用兵的人，就要因勢利導，引誘他們中計。現在我軍進入魏國國境，可用減灶之計來矇騙他們。」他接著說：「第一天紮營時，要架造供十萬人煮飯的灶，第二天架造供五萬人煮飯的灶，第三天只架造供三萬人煮飯的灶，讓敵人以為我們的軍隊懼戰，天天有士兵在逃跑。」

果然不出孫臏所料。龐涓一路追蹤齊軍，看到齊軍爐灶天天減少，龐涓中計。於是，他只帶了一部分騎兵輕裝前進，追趕齊軍。

孫臏算好了魏軍在天黑時會趕到馬陵，馬陵在河北省大名東南面。這裡兩面是山，道路狹窄，地勢險要。孫臏就將大軍埋伏好，靜靜地等待魏軍進入伏擊圈。

夜裡，魏軍進了馬陵道。一時間，齊軍萬箭齊發，魏軍紛紛倒斃，潰不成軍。龐涓一看敗局已定，就拔劍自殺了。齊軍乘勝追殺，徹底打垮了魏國大軍。這就是歷史上著名的馬陵之戰，以魏軍慘敗、主帥龐涓自殺而宣告結束。

聲東擊西

「聲東擊西」這個典故最早記載在《通典》一書中，它的意思是用假象來迷惑敵方，造成敵方的錯覺，給敵方以出其不意的攻擊。

古今關於「聲東擊西」的戰例很多。最早有文字記載的，恐怕要算《戰國策》中講的一個故事。

故事說的是齊威王四年，就是西元前三五三年，魏國圍攻趙國都城邯鄲。趙成侯依仗堅固的城池，與魏軍展開了勢均力敵的攻防戰。由於趙軍孤軍奮戰，傷亡很大，而且糧食短缺，趙成侯便派人去齊國求救。齊國考慮到，如果趙國被魏國吞併，就等於擴大了魏國的勢力，將來勢必對齊國構成威脅。齊王決定出兵救趙。

齊國先是以少量兵力南攻襄陵，以牽制、拖住魏國，堅定趙國抗魏的決心。而齊軍主力則按兵不動，靜觀事態發展，準備待時機成熟時再大舉進兵。這個「聲東擊西」的策略方針是：先讓魏、趙兩敗俱傷，就算邯鄲被攻克，卻不會導致亡國；而匆忙回援的魏軍也將會被齊軍擊敗，從而達到同時削弱趙、魏兩國的目的。齊王命令田忌為主將，孫臏為軍師，統率大軍，日夜兼程，馳援趙國。

田忌打算直奔邯鄲，與魏軍主力交戰。孫臏提出了「批亢搗虛」、「疾走大梁」的策略。他說：「要解開亂成一團的絲線，不能握拳去打；而要排解別人打架，自己不能幫助去打。派兵解圍的道理也一樣，不能以硬碰硬，而應該避實擊虛、避強擊弱，擊中要害，使敵人感到困難，有後顧之憂，自然就會解圍了。現在魏、趙兩國相攻，魏國的精銳部隊都在趙國，留在國內的都是一些老弱殘兵。如果我們迅速向魏都大梁挺進，魏軍必然回兵自救，我們就可以一舉解救趙國之圍，同時又讓魏軍疲於奔命，我們就很容易打敗他們。」

田忌採納了孫臏的計策，迅速率主力直奔魏國都城大梁。魏將龐涓得知消息後，大驚失色，只好以少量兵力留守歷盡艱難剛剛攻下的邯鄲，主力急忙回救大梁。這時，齊軍已在地勢險要的桂陵設伏，將長途跋涉已疲憊不堪的魏軍打了個措手不及，魏軍大敗。這就是歷史上著名的「圍魏救趙」的故事，也是「聲東擊西」的經典戰例。

傷弓之鳥

此典出自《晉書．苻生載記》：「傷弓之鳥，落於虛發。」《晉書．苻生載記》中的典故，叫「傷弓之鳥」。很多人認為這就是關於傷弓之鳥典故的最早記載。其實《晉書》中記載的並不是典源，而是引用《戰國策．楚策四》中的故事。原文是這樣的：

雁從東方來，更羸以虛發而下之。……對曰：「其飛徐而鳴悲。飛徐者，故瘡痛也；鳴悲者，久失群也。故瘡未息而驚心未至也，聞弦音，引而高飛，故瘡隕也。」

這段文字就是「傷弓之鳥」典故的由來。意思是指受過傷的鳥，比喻經過禍患，遇事猶有餘悸的人。

戰國後期，秦國為了兼併天下，頻繁地向東方各國發起進攻。強大的秦國把各國的軍隊打得喪魂落魄，就連兵多將廣的楚國也接連戰敗，楚國的臨武君等人也都成了敗軍之將。

西元前二四一年，楚、趙、魏、韓、衛五國，為遏制秦國，決定再一次合縱抗秦。這五國中，由於楚國的軍事實力最強，便一致推舉楚王為合縱長。

聯軍組建後，趙孝成王認為，如果沒有智勇雙全的大將來統一指揮，還是不可能戰勝秦軍。於是，趙孝成王就特意派魏加出使楚國，試探楚國準備讓誰來擔任聯軍的統帥。

當時，春申君黃歇執掌著楚國的軍政大權。魏加見到春申君後，就坦率地問楚國有沒有能當聯軍統帥的大將？春申君說他準備讓臨武君來領兵。魏加聽後，很不以為然。他說：「我很小的時候就喜歡射箭，我跟你講個射箭的故事吧。」春申君說：「當然可以。」魏加說：「有一天，魏國有個叫更羸的人，陪魏王在主宮一處高臺上遊玩，天空不時有群群飛鳥掠過。更羸對魏王說：『臣可以只拉弓，不發箭，就射落天上的飛鳥。』魏王以為更羸是在說笑。過了一會兒，有隻大雁從東方飛來。」這隻雁飛得很慢，叫聲淒厲。更羸便把弓拉滿弦，手一鬆，只聽「崩」的一聲，那隻大雁就掉了下來。魏王驚嘆不已，忙問其中的奧妙。更羸不慌不忙地說：『實不相瞞，這是一隻受了傷的大雁。我見牠飛得很慢，是因為牠的舊箭傷還在作痛；牠的鳴叫聲淒厲，那是因為牠久已失群；牠的舊傷還沒有痊癒，心裡還有餘悸。所以，一聽到弓弦的聲音，就急忙高飛，結果引發了舊傷迸裂，支持不住，就掉了下來。』」

講完「傷弓之鳥」的故事後，魏加這才言歸正傳，對春申君說：「臨武君曾被秦國軍隊打敗，這不就像是一隻受了傷的大雁嗎？他至今還心有餘悸，懾於秦兵的威力，又怎麼能領兵抗秦呢？」春申君這才恍然大悟。

後來，春申君聽取了魏加的建議，但合縱抗秦之事，卻以失敗而告終。當秦國大軍出函谷關後，屢戰屢敗的五國軍隊便惶恐不安，紛紛潰退，恰似一群「傷弓之鳥」。

今天，我們把這個典故通作「驚弓之鳥」，正是依據傷弓之鳥典故而來的。

畫蛇添足

此典出自《戰國策．齊策二》：「楚有祠者，賜者舍人巵酒。舍人相謂曰：『數人飲之不足，一人飲之有餘；請畫地為蛇，先成者飲酒。』一人蛇先成，引酒且飲之；乃左手持巵，右手畫蛇，曰：『吾能為之足。』未成，一人之蛇成，奪其巵曰：『蛇固無足，子安能為之足！』遂飲其酒。」

典故「畫蛇添足」出自《戰國策．齊策二》。意思是畫好了蛇卻給添上腳，比喻多此一舉，白費功夫；或比喻做事節外生枝，不但無益，反而壞事。

楚懷王六年，也就是西元前三二三年，楚王派大將昭陽率軍進攻魏國。昭陽大敗魏軍，並奪取了魏國八座城池。昭陽打敗魏軍後，躊躇滿志，又移兵東進，準備攻打齊國。齊宣王得到了這個消息後，急得團團轉，一時不知該怎樣來應付這一突發事件。

這時，一位大臣稟告齊宣王說，秦國的使者陳軫正在齊國，據說陳軫很有口才，不如請他去遊說昭陽退兵。

陳軫也不願看到楚國的勢力過於強大，便答應了齊宣王的要求，去楚營見楚將昭陽。

昭陽久聞陳軫大名，連忙熱情接待。陳軫先對昭陽取得的勝利表示祝賀，然後話鋒一轉，問道：「將軍立下如此之大的功勞，不知回國能封什麼官職？」昭陽得意洋洋地說：「楚王答應封我為上卿。」陳軫又問：「貴國還有什麼官位比上卿更高的嗎？」昭陽回答說：「那只有令尹這個位置了。」當時，楚國宰相的官位稱令尹。陳軫嘆了口氣說：「可楚王不會設兩個令尹呀！」

昭陽聽出陳軫話中有弦外之音，一時又思索不透，便請陳軫指點。

陳軫說：「我給將軍講個『畫蛇添足』的故事吧，或許將軍能從中悟出道理。楚國有個富翁，一天在祭祀儀式結束後，賞給幾個僕人一壺美酒，這幾個人僕人商量起來：『幾個人喝一壺酒，不過癮，要是一個人喝，那才痛快！我們不妨比賽畫蛇，誰先畫完，誰就喝這壺酒。』於是，他們每人折了一根樹枝，開始在地上畫了起來。其中有個人很快就畫完了，拿過酒來準備喝。可他還想賣弄一下自己的本領，說：『我還能給蛇添上腳。』於是，左手拿杯，右手繼續畫蛇腳。這時，另一個僕人也畫完了蛇，就一把搶過酒壺，說：『蛇本來就沒有腳，你怎麼能給牠畫上腳呢？』畫蛇腳的僕人自知理虧，只好眼睜睜地看著對方把酒喝光了。」

陳軫講完這個故事，單刀直入地對昭陽說：「將軍大敗魏軍，奪得八座城池，功不可沒，可以官至上卿。但將軍自恃實力雄厚，又要攻打齊國，我看這就是『畫蛇添足』了。因為，就算你打勝了，回國後仍然是上卿，楚王不會設兩個令尹的職位；而如果你打敗了，功名利祿會隨之蕩然無存，說不定楚王還會處死你。這不是『畫蛇添足』了嗎？」

昭陽聽後恍然大悟，立即停止進兵伐齊，返回楚國。

樂極生悲

此典出自《史記．滑稽列傳》：「問曰：『先生能飲幾何而醉？』對曰：『臣飲一斗亦醉，一石亦醉。』……故曰『酒極則亂，樂極則悲；萬事盡然，言不可極，極之而衰。』……齊王曰：『善。』乃罷長夜之飲。」

「樂極生悲」的意思是說，享樂到了極點，就會帶來悲慘的結果。它的典源出自戰國時代齊國大臣淳于髡與齊威王的一段對話。據史書記載，淳于髡是入贅到齊國的女婿，身高不足七尺，按當時尺寸，是個身材矮小的人。他非常善辯，喜好喝酒，多次受命出使各諸侯國，總是能夠出色地完成使命，很受齊威王的賞識。

齊威王也很喜歡喝酒，經常一喝就是一個通宵，不免疏忽國事。在喝酒問題上，淳于髡想勸諫齊威王，卻一直沒有找到合適的機會。後來，楚國舉兵攻打齊國，齊威王派淳于髡出使趙國請求援助。淳于髡說服趙王，借來精兵十萬。楚國見到這情景，不得不撤兵。齊威王非常高興，特意在後宮備酒宴，為淳于髡慶功。淳于髡正想利用這個機會勸諫齊威王喝酒之事，便欣然前往。

席間，齊威王問：「聽說先生海量，那麼能喝多少酒呢？」淳于髡回答：「一斗也醉，一石也醉。」齊威王覺得奇怪，忙問這是什麼原因。淳于髡解釋說：「如果大王賜我喝酒，旁邊有執法的大臣，後面有彈劾的御史，喝的時候，懷著恐懼的心理，一斗就醉了；如果家裡有賓客，父母命我喝酒，因為要莊重一點給侄子看，不敢放肆，那麼就可以喝兩斗；如果有知己的朋友，很久沒有見面，突然相遇，談天說地，講講私事，這時可以喝五六斗了；如果碰到宴會，猜拳行令，說說笑笑，毫無嫌疑顧忌，心情又很歡樂，就可以喝八斗了；要是到了晚上，男女同席，杯盤狼藉，大家放懷，最感歡樂時，就可以喝一石了。所以有人說：酒喝高了，就容易出亂子，享樂到了頂點，就會走向反面，出現可悲的結局，天下萬事都是這樣，凡事總有個度，過了就會走向它的反面。」齊威王聽了這番話，覺得很有道理，細細思索，知道淳于髡是在勸誡自己，於是高興地說：「你說得好。」他從此取消了晝夜的長飲，還命以後置酒請客，淳于髡站在自己一側，以示警戒。

後來，人們根據這段故事，拿淳于髡講的「樂極生悲」來勸誡別人，無論做什麼事情，都要適可而止，不要太任性，過分享樂，以免荒廢了正事，招致悲慘的結果。

在封建時代，大臣勸諫君王經常採取迂迴的方式，言詞也較委婉，富有哲理。淳于髡勸諫齊威王可以說是典型的一例，效果自然也很明顯。今天，樂極生悲這句成語已經使用得十分廣泛，成為我們做人做事的一條準則。

人微權輕

此典出自《史記·司馬穰苴列傳》：「穰苴曰：『臣素卑賤，君擢之閭伍之中，加之大夫之上，士卒未附，百姓不信，人微權輕，願得君之寵臣，國之所尊，以監軍，乃可。』於是景公許之，使莊賈往。」

上面這段文字就是成語「人微權輕」的典源。說的是春秋時期的一段故事。

齊景公執政時，齊國遭受到晉、燕兩國的攻擊。齊軍連吃敗仗，丟失了大片土地。齊景公毫無辦法，趕緊找相國晏嬰商量。晏嬰說：「齊軍所以連遭敗績，是因為缺少一位得力的將領。」齊景公深有同感，連問朝中哪位將軍能夠領兵退敵？晏嬰想了想說：「我看田穰苴文能服眾，武能威敵，可以擔此重任。」當時，田穰苴不過是一名下級軍吏，齊景公並不知道他。於是立即派人把田穰苴找來，齊景公當面問了他一些作戰知識，用兵謀略，田穰苴回答得頭頭是道。齊景公十分高興，立即命他為將軍，領兵開赴前線迎擊晉、燕兩國軍隊。

田穰苴拜謝了齊景公，但提出了一個請求。說：「我一向地位卑微，您把我從卒伍之間一下子提拔到大夫之上，恐怕士卒不聽我的，百官不信我的，這是因為人微權輕。因此，我請求君王派一位您所信賴的，地位又很尊貴的大臣，做我的監軍，才好率軍出征。」

「好啊，那容易啊。就派我的愛臣莊賈去一趟吧！」齊景公當即批准了田穰苴的請求。

穰苴辭別齊景公，又與莊賈商議，決定第二天午時在軍門會合出發。

第二天清早，穰苴帶領軍隊來到軍門，整齊列隊，等候莊賈。他命令侍從官在地上立下計算時間的「表」和「漏」。莊賈是齊景公的寵臣，一向狂妄驕橫，平時把誰都不放在眼裡。這次隨軍出征，親朋好友擺酒送行，他得意忘形，喝到日頭眼看就要偏西了，還沒有離開家門。穰苴全身披掛，站在全軍前頭，看看時辰已過，命令侍從官放倒「表」，倒掉「漏」中的水，宣布說莊賈大人失約了。

一直到傍晚時分，莊賈才大模大樣地來到軍門。他剛從車上邁下來，穰苴便迎上去，問道：「莊大人為何來遲？」

「哈哈，親朋餞行，挽留些時候……」

「做將軍的，從受命之日起，就應忘掉家庭，軍人到了軍營就應忘掉親朋，戰士聽見戰鼓就應忘掉自己。眼下敵軍入侵，國內動盪，士兵戰死在邊疆，君王寢不安席，食不甘味，百姓的性命都系在我和你的身上，你怎麼能為酒宴而違犯軍法」莊賈毫不在意地說：「別危言聳聽了，你才當了幾天統帥呀！」

穰苴正言厲色地喝道：「軍正，約定時間而遲到者，按軍法該如何處置？」負責執行軍法的軍正響亮地回答：「當斬！」

兩名武士立即上來把莊賈捆綁了。莊賈的隨從看到情況不妙，騎馬趕回宮廷報信。可還沒等報信人回來，穰苴已經下令把莊賈斬首了。

一會兒，齊景公派廷衛官，帶著「赦賈」的命令飛馬趕來，直接闖入軍中。可還沒等廷衛官開口，穰苴又問：「軍正，縱馬馳人軍營，該受什麼處罰？」

「當斬！」

當時把廷衛官嚇了個半死。穰苴說：「你是齊王的使者，不可以殺。我看就把你車上左邊的馬殺了，代替你伏法吧。」

這樣一來，真可以說是三軍為之震動。將士們個個奮勇殺敵，不久就擊退了晉、燕兩國的軍隊，收回了失地。穰苴凱旋時，齊景公親率百官到郊外迎接，並提升他為掌管全國軍隊的大司馬。也許是這段典故給後人留下的印象太深，久而久之，人們把穰苴的田姓忘記了，直接用司馬官銜稱謂他，這樣，田穰苴就演變成了司馬穰苴。

成語「人微權輕」就是由此而來，後人常用它來說明資歷名望淺、權威不足以服眾。這句成語後來又演變成「人微言輕」。意思也就轉變為地位低的人，言論、主張不受人重視。

一言九鼎

成語「一言九鼎」的典源，來自《史記．平原君虞卿列傳》。意思是：平原君與楚國簽訂了聯合抗秦的條約後，回到趙國對人說，毛遂一到楚國，一席話使趙國的地位一下子重要起來，毛遂的辯才真是勝過一百萬軍隊啊。九鼎、大呂都是古代國家的寶器，後來人們就把發揮決定作用的言論稱為「一言九鼎」。

戰國後期，秦國出兵圍攻趙國的都城邯鄲，趙國國小難以抵抗，決定派平原君趙勝前往楚國搬救兵。趙勝這個人平時禮賢下士，門下收養了數千賓客（也稱作食客），趙勝決定從門下選二十名文武兼備的賓客一同前往。他選來選去，只選中了十九名。這時，毛遂自告奮勇地站出來，要求與平原君同行。趙勝問毛遂：「先生你到我門下幾年了？」毛遂答：「三年。」趙勝說：「我聽說有能力的人，生活在世上，就像錐子放在布袋裡一樣，很快就會顯示出來。先生來了三年，周圍的人沒有提起，我也聞所未聞，可見先生沒有什麼特殊的地方，先生還是留下吧。」毛遂說：「那我今天就請你把我放進布袋裡，如果你早把我放進布袋，我早就脫穎而出了，問題是你過去沒有把我放進布袋而已。」趙勝覺得毛遂說得有道理，就同意帶他前往楚國。以上也就是成語「毛遂自薦」和「脫穎而出」的典源。

平原君趙勝到了楚國，拜見了楚王，陳述趙楚兩國聯合抗秦的利害關係，從早上說到中午，楚王就是不表態。趙勝的十九個賓客公推毛遂出面勸說楚王。毛遂按劍跨步上前先對趙勝說：「說明一件事的利害，有幾句話就夠了，今天說了這麼久，還不能決定，到底為什麼？」楚王見狀就問：「他是誰？」趙勝答：「是我的門客。」楚王大聲斥責道：「還不快退下，我與你的主人議事，哪輪得到你說話！」毛遂按劍挺胸說道：「大王你所以斥責我，是憑藉楚國地廣人多，但現在您和我相距僅十步之遙，楚國再大也幫不了你，大王的性命就在毛遂的手裡，你還有什麼威風可抖呢？楚國是大國，方圓五千里，軍隊有百萬，卻在以往與秦國的交戰中三戰皆敗，有辱您楚王的先人，這是世代的怨仇，趙國都為你感到羞恥，而大王你卻無動於衷。聯合抗秦，說到底是為楚國而不是為趙國啊！」一席話說得楚王羞愧難當，又為毛遂的勇氣和膽略所懾服，連聲說道：「先生說得對，說得對，為了楚國的長久安定，我願聽從先生之言。」毛遂接著問：「條約可以訂了嗎？」楚王回答：「當然。」於是，楚王與平原君當場歃血為盟。平原君終於完成了使命，回到趙國後，他感慨地說出了文首的那段話。

後來，楚國的援兵迅速趕到趙國，秦國懾於楚趙兩國的聯合，退兵返回函谷關，邯鄲之圍終於解除。毛遂的一席話，挽救了一個國家，真可謂「一言九鼎」。

困獸猶鬥

此典出自《左傳・宣公十二年》：「公曰：『得臣猶在，憂未歇也。困獸猶鬥，況國相乎？』」

這段文字的意思是說，處在困境中的野獸，還要拚死掙扎一番，何況一個國家的執政者呢！

這句成語的典源與我們曾經講過的「退避三舍」、「止戈為武」的典源有一定的連繫。由於晉國的幾位將軍不聽從元帥荀林父的命令，一意孤行非要與楚國軍隊交戰，結果大敗而歸。荀林父引咎自責，請求判死罪。晉景公已經準備答應了，大夫士貞子卻連說不可以，並勸阻說：「從前城濮之戰時，先是退避三舍，後來打勝了的晉國軍隊繳獲了楚國軍隊大批輜重，接連三天吃了楚軍來不及搬走的糧食，而你的父親晉文公的臉上還帶著愁容。左右的人不理解，問道：『打勝仗應該歡喜您反而憂愁，難道打了敗仗應該憂愁的時候反而歡喜嗎？』晉文公回答：『得臣還在，不能就此放心啊！一頭野獸被困住了，還要掙扎一番，何況像得臣這樣的猛將呢』。」晉文公在這裡提到的得臣，是指楚國的宰相，城濮之戰楚軍的統帥成得臣。成得臣有勇有謀，當年晉文公在楚國避難時，兩人有所接觸，彼此瞭解對方。酒宴上，晉文公答應楚成王，日後晉楚如果交兵，晉國將退避三舍以報楚王收留之恩。宴席散後，成得臣就勸楚成王殺掉晉文公，斷言今後與楚國爭天下者必是此人。楚成王卻沒有聽從成得臣，這才有了以後的城濮之戰。戰後，楚成王一怒之下，逼迫成得臣自殺。這一消息傳到晉國，晉文公方才露出了笑容，長出了一口氣說：「現在算是晉國又勝了一次，而楚國呢，又打了一次敗仗。從此楚國兩代都興不起來。」

話說到這裡，士貞子話鋒一轉，對晉景公說：「荀林父是國家的重臣，可以說是敵方畏懼，唯恐他存在的舉足輕重的人物。這一仗雖然打敗了，但事出有因，責任不全在他，怎麼就可以殺死他，做那種讓敵國高興的事呢！」晉景公這才恍然大悟，於是免了荀林父的戰敗死罪，仍讓他領兵戴罪立功，也使得晉國較好地度過了戰敗的危機。

後來，人們就把晉文公所說的比喻，引申為「困獸猶鬥」一句成語，用來形容即使處在最困難的情況下，雖然已經是精疲力竭，也還是要盡力掙扎，起來抵抗。

不過，在今天的實際使用中，這句成語常常是貶義，形容那些壞人或壞的集團，在被壓制得將要潰滅時，還要作無謂的頑抗。

項莊舞劍

「項莊舞劍」最早出自《史記．項羽本紀》。原文是這樣的：

今者項莊拔劍舞，其意常在沛公也。

它比喻一個人說話或行動表面裝作平和無事，實則想乘機害人。

這個典故說的是西元前二〇六年，劉邦滅亡了秦國後，派兵進駐函谷關。不久，項羽統率四十萬大軍到達，進駐鴻門（今陝西臨潼東邊）。這時，劉邦手下有個官吏，偷偷地向項羽報告，說劉邦想要在關中稱王。

項羽這個人是名武將，一聽頓時大怒。馬上下令全軍，準備攻打劉邦。這天晚上，項羽的叔父項伯又把這個消息透露給了劉邦。劉邦當時只有十萬人馬，自知打不過項羽，便趁機拉攏項伯，攀做兒女親家。項伯一聽很高興，他主動獻計，讓劉邦第二天一早去鴻門，到項羽軍中謝罪，以消除雙方的誤會。

第二天，劉邦依計而行。他帶著很有名的謀臣張良和武將樊噲，還有一百多名騎兵，來到鴻門。劉邦一見項羽就說：「我和將軍同心協力攻打秦國，今天又在這裡見到將軍，真是不勝榮幸。但是，由於有小人從中挑撥我和將軍的關係，使將軍對我產生了誤會。我是特地來請罪的。」

劉邦這番話，使項羽覺得他這個人很真誠。有勇無謀的項羽竟然說：「那些話都是你手下的曹無傷說的。我哪能懷疑你呢？」於是，項羽設宴招待劉邦，席間有項伯、范增作陪。

范增是項羽的謀士，他早就看穿了劉邦的野心，決意要殺掉劉邦。在酒席上，他多次暗示項羽動手。但項羽這時已不打算殺劉邦了。

范增再也忍不住了，就走出帳外，把項羽的堂弟項莊找來，讓項莊進去敬一杯酒，然後就要求舞劍，趁舞劍時殺掉劉邦。

項莊依計而行，敬完酒後就舞起劍來。項伯一看來者不善，也拔出劍來跟項莊對舞，處處保護著劉邦。

張良見情勢不妙，找了個藉口到營帳外，找到武將樊噲說：「現在情況危急。項莊表面上是在舞劍，其真正的用意卻是要害沛公劉邦。」樊噲一聽急了，就獨自闖進了帳中，連門衛都被撞倒了。

樊噲進去後，滿臉怒容。他責備項羽不該聽信讒言，加害於有功之人。說得項羽無言以對，就賜了酒肉，讓樊噲共同進宴。而狡猾的劉邦則假稱要上廁所，趁機溜回到自己的營中。

約法三章

關於「約法三章」這個典故，來源於這樣一則故事。說的是秦二世三年，就是西元前二〇七年，劉邦的大軍順利進入關中，駐紮在離咸陽不遠的灞上。秦王子嬰一看戰不成，守也使不得，只好向劉邦投降。秦始皇建立的強大的秦朝帝國就這樣滅亡了。

於是，劉邦大軍進入咸陽城，將士們開始搶奪金銀財物。劉邦也深入宮中，但見各種珍奇古玩、金銀珠寶琳瑯滿目，又見美女如雲，劉邦頓時神魂顛倒，飄飄欲仙。他沒多想，就往胡亥的龍床上一躺，閉目養起神來。

這時，劉邦手下的愛將樊噲突然闖了進來。樊噲一進門就直言不諱地說：「沛公是想取得天下呢，還是想當個富翁？這些奢華之物，正是秦朝滅亡的禍根。請速還軍灞上，切莫迷戀於此！」

劉邦一聽，覺得樊噲之言不無道理，但他又確實捨不得離開。這時正好張良走了進來，勸道：「秦如此無道，為天下人所痛恨，所以我們才起兵攻滅他。沛公剛入秦都，便想在宮中尋歡求樂，這豈不是重蹈秦轍嗎？我勸沛公切莫因為圖一時快活而毀了大業！古人有言：良藥苦口利於病，忠言逆耳利於行。請沛公依從樊噲之言，從速離開這裡！」張良一席話，令劉邦幡然省悟。劉邦當即下令兵士查封皇宮府庫，然後帶領眾將士返回灞上軍營中。

為了安民，劉邦遍召當地父老鄉親，公開宣布說：「現與諸位父老約法三章：殺人者死，傷人及盜抵罪，其他秦時苛法全部廢除！凡官吏民眾，均不必驚慌。」隨後，劉邦派出使者，協同各地原來的秦吏，將這著名的「約法三章」通告各地，受到秦地民眾的歡迎，他們奔走相告。這一正確決策，對日後劉邦稱王並建立漢王朝產生了巨大的影響。耶律楚材曾在《懷古一百韻寄張敏之》詩中讚歎道：「約法三章日，恩垂四百基。」

劉邦因「約法三章」受到民眾的擁護，為他後來奪得天下打下了基礎。看來，這「法」大可治軍治國，小可規範個人行為。健全的法制，是國富兵強的重要保證。今天我們常說「國有國法，家有家規」，說的就是這個道理。

破釜沉舟

「破釜沉舟」這個典故最初出自《史記．項羽本紀》，原文是這樣的：「項羽乃悉引兵渡河，皆沉船，破釜甑，燒廬舍，持三日糧，以示士卒必死，無一還心。」

這個故事說的是秦朝末年，即西元前二〇七年，各地反對秦王朝的起義軍紛紛揭竿而起。秦將章邯帶領三十萬大軍，將位於鉅鹿的一支起義軍包圍起來；章邯本人親自帶領一支精兵駐紮在鉅鹿城南，並揚言，誰救鉅鹿他就打誰。

起義軍為解鉅鹿之圍，派上將軍宋義和副將項羽帶領一支部隊前去救援。由於宋義懼戰，起義軍到達安陽後，四十六天按兵不動，加上寒雨綿綿，士兵紛紛抱怨起來。在這種情況下，項羽殺了宋義，自代上將軍進軍解救鉅鹿。

項羽先派英布帶著三萬人馬渡過漳河。英布過河後，很快肅清了鉅鹿外圍的秦軍，占領了漳河對岸。接著，項羽指揮大隊人馬渡過漳河。等部隊全部到了對岸，項羽命令把渡河的船隻通通鑿沉。不但如此，項羽還讓士兵只帶三天乾糧。然後，將做飯的鍋、罐通通砸碎，表示誓死一戰的決心。

秦將王離聽說項羽破釜沉舟，暗笑他不懂兵法，連退路都不留一條，於是帶著一支秦兵來應戰。他們哪裡想到，項羽正是下定了決心，帶領起義軍拚死一戰。

秦軍與起義軍剛一交手，秦軍就敗下陣來。秦將王離一看不妙，掉轉馬頭逃回章邯營中。章邯立即把秦軍分為九路，將項羽團團圍攏起來。一時，戰鼓雷鳴，殺聲震天。起義軍以一當十，將秦軍打得落花流水，王離被活捉當了俘虜。章邯一看大勢已去，只好收拾殘兵敗將逃跑了。

舌卷齊城

此典出自《史記．淮陰侯列傳》：「蒯通說信曰：『酈生一士，伏軾掉三寸之舌，下齊七十餘城……』」

《史記．淮陰侯列傳》記載的這段話意思是說，謀士蒯通對韓信講，酈食其憑著三寸不爛之舌，就獲取了齊國七十餘座城池。後來，人們就用「舌卷齊城」，或者「掉舌」、「下齊」來形容善於遊說，靠遊說得勝或取得成功。

酈食其是陳留縣高陽鄉人，年輕時非常喜好讀書，因家境貧困而四處漂泊。由於博覽群書，口才出眾，非常善辯，為人又很傲氣，被時人稱為狂人。

劉邦起兵反秦路經高陽，酈食其遞上名片求見。劉邦聽通報的人說，來求見的人從外貌上看像個儒生，就讓人出來轉告說：「劉邦敬謝先生，現在是軍事時期，不見儒生，先生請回吧。」酈食其聽後眼一瞪，按著腰上的劍大聲喝道：「去，我不是什麼儒生，我是高陽酒徒。」後來高陽酒徒也成了一句成語，用來指狂放不羈的人。

劉邦也不含糊，當時正坐在床上洗腳，便說：「那就讓他進來吧。」酈食其進來，只行拱手禮而不跪拜，說：「你是想要滅亡秦朝，還是幫助秦朝呢？」劉邦回答：「當然是滅亡秦朝。」酈食其說：「真要聚集民眾組成正義的軍隊去討伐無道的秦朝，就不應該用傲慢無禮的態度接見年長的人。」當時酈食其六十多歲，劉邦五十多歲。劉邦一聽這話馬上停止洗腳，起身整理衣服，並請酈食其坐在上座，向他道歉。於是酈食其幫劉邦出主意，降服了陳留縣令。後來酈食其就成了劉邦的說客，經常乘著馬車，出使各個諸侯國。

漢王三年，也就是西元前二〇三年，劉邦與項羽在滎陽反覆爭奪，深感兵力不足。酈食其向劉邦獻計攻取被稱做「糧倉」的敖倉，並自告奮勇，出使齊國，說服齊王田廣歸順漢王。當時田廣擁有二十萬軍隊，占據著幅員千里的齊國，也就是今天的山東省的廣大地區。如齊國歸順，不僅減輕了劉邦軍事上的壓力，也無疑增加了項羽防守上的壓力。劉邦聽從了酈食其的建議。

酈食其到了齊國對齊王直截了當地說：「大王知道天下人心的歸向嗎？」齊王說：「不知道。請教先生。」酈食其說：「當然是歸向漢王。」隨後列舉了漢王劉邦的許多得人心的地方，和楚王項羽的失道之處。特別指出：如今漢王已經占有敖倉的糧食，堵塞了成皋的險要，把守著白馬渡口，斷絕了太行的通道，各路諸侯如不歸服就會先被消滅。如果齊王先行歸順漢王，那麼齊國的江山就可以保住，否則危亡立即就到了。齊王認為酈食其說得有道理，於是將齊國七十餘座城池獻給了劉邦。但是他把酈食其留了下來。

後來，韓信發兵攻齊國。齊王田廣讓酈食其去阻止漢軍，酈食其拒絕了。齊王一怒之下殺了他，領兵東逃。

劉邦平定天下後，分封列侯功臣，想到了酈食其。一查，他還有個兒子叫酈疥，多次領兵打仗，但戰功尚不足以封侯。念他父親的緣故，劉邦封酈疥為高梁侯，食邑地為武遂。

投筆從戎

「投筆從戎」這個典故出自《東觀漢記．班超傳》。說的是班超不願過為官僱傭抄寫的生活，決心要像傅介子、張騫那樣，立功異域，以得封侯。後人即以「投筆從戎」、「棄筆從戎」、「投筆從軍」、「投筆取封」、「班超投筆」等，來形容一個人棄文就武，發奮建功立業的決心。

說到班超，不能不提到班超的父親班彪、哥哥班固、妹妹班昭，他們都是中國著名的歷史學家，為史學作出過重大貢獻。《漢書》的寫作提綱和大部分手稿，都是班固草就的，後又經班昭續寫而成。它記述了前漢共二二九年的歷史，是一部斷代史。

班固在寫《漢書》時，曾被人誣告下獄，班超勇敢地去面見明帝，為兄爭辯。明帝十分讚賞班超的勇氣和才學，不僅釋放了班固，還對班超留下了很深的印象。從此，班家從扶風平陵遷到洛陽，班固以校書郎身分修史，班超在家替人抄書賺錢，孝侍寡母。

在班超的心目中，有兩個人他一直很敬慕。一個叫傅介子，是前漢北地人，在元帝時奉命出使西域，刺殺樓蘭王平定西域，被封為義陽侯；另一個人就是張騫，漢武帝時通西域成功，被封為博望侯。日復一日的抄書工作使得班超心有不甘。有一次，他把筆往筆架上一放，說：「大丈夫怎能總在筆硯之間徘徊，而無志略，應該像傅介子、張騫那樣，棄文就武，異域建功。」

不久，明帝偶見班固，想起其弟班超，便問：「卿弟現在哪裡？」班固如實相告。明帝就召班超當了蘭臺令史，這是一個掌管文書、劾奏及官印的小官。沒多久，上司覺得班超愛講西域立功一類的話題，認為他不安心工作，就把班超給辭退了。

永平十六年，也就是西元七十三年，奉車都尉竇固奉命出擊匈奴，覺得班超是個人才，便任他為假司馬。班超與匈奴首戰伊吾，伊吾就是今天的巴里坤湖，大勝而還。竇固發現班超很有軍事才能，便派他帶領三十六人出使西域各國，直到永元十四年，即西元一〇二年，班超才回到京師洛陽，被和帝拜為射聲校尉。班超終年七十一歲。

班超立志投筆從戎，出使西域三十多年，使五十多國臣服，功勛卓著，確實令人肅然起敬。難怪今天人們常提「投筆從戎」，因為這裡包含著為國爭光的壯志雄心。

拔幟易幟

「拔幟易幟」這個典故最初出自《史記．淮陰侯列傳》，原文是這樣的：

信與張耳以兵數萬，欲東下井陘擊趙……，信所出奇兵二千騎，共候趙空壁逐利，則馳入趙壁，皆拔趙旗，立漢赤幟二千。趙軍已不勝，不能得信等，欲還，歸壁，壁皆漢赤幟，而大驚，以為漢皆已得趙王將矣，兵遂亂……

這段文字的大意是：韓信和張耳率兵攻打趙國，出奇兵突入趙軍軍營，拔掉趙軍旗幟，換上漢軍的紅色旗幟，使趙軍軍心大亂，於是大破趙軍。

故事說的是西元前二〇四年十月，漢大將韓信與張耳率數萬漢軍，東下井陘（今河北省井陘），攻打趙國。趙王和趙國大將軍陳餘在井陘聚集二十萬大軍，準備抵抗漢軍。趙國謀士李左車向陳餘獻計說：「韓信、張耳雖來勢凶猛，但我軍駐地井陘，地勢險要，易守難攻。我軍可一面據險堅守，一面派部分奇兵出其不意地襲擊漢軍糧草輜重，斷其後路，可獲全勝。」然而陳餘並未採用他的計謀。

韓信得知這一消息，心中暗喜，大膽地在距井陘三十里處駐紮下來。當日深夜，韓信選輕騎二千人，人手一面漢軍紅色旗幟，在夜色掩護下，埋伏在趙軍營帳附近的山上。然後，韓信命令這支伏兵等趙軍追擊漢軍離營時，迅速沖入趙營，拔掉趙軍旗幟，換上漢軍紅色旗幟。伏兵出發後，韓信又故意派出一支一萬人的軍隊，背水布陣。背水布陣原是兵家之大忌，會自己斷掉自己的退路。趙軍見此情景，以為漢軍必敗無疑。

第二天天剛亮，韓信便指揮漢軍向井陘攻擊，趙軍立即打開營門出戰。雙方剛一交戰，韓信、張耳便命令漢軍士兵丟下旗鼓儀仗，向水邊陣地撤退。趙軍見漢軍不堪一擊，便傾巢出動，爭搶漢軍棄物，追擊漢軍。此時，埋伏在趙軍營帳附近的那二千漢軍，見趙軍營帳皆空，立即沖入趙營，將趙軍旗幟全部拔掉，換上了漢軍的紅色旗幟。趙軍回頭一看自己的營帳全都插上了漢軍旗幟，誤以為趙王已被抓住，軍心頓時大亂。

韓信、張耳退到水邊後，漢軍因再也沒有退路，便拚命死戰，越戰越勇；而此時趙軍已無心戀戰，逃的逃、死的死，很快便被漢軍全部消滅。

詩中引用了我們上面講的韓信背水一戰，拔幟易幟的典故。不過這裡所說的背水一戰，有了更廣闊更深刻的內涵。

多多益善

此典出自《史記．淮陰侯列傳》：「上（劉邦）問曰：『如我能將幾何？』信曰：『陛下不過能將十萬。』上曰：『於君何如？』曰：『臣多多而益善耳。』上笑曰：『多多益善，何為為我禽？』」

劉邦與韓信的這段對話的中心意思是：韓信統率軍隊，越多越好。也就是我們今天所說的「韓信將兵，多多益善」這個典故的由來。

這個典故說的是西元前二〇二年，劉邦消滅了項羽後建立漢王朝，大封功臣。戰功卓著的韓信被封在淮北做楚王，成為當時實力最強大的諸侯王。

第二年，有人向劉邦上書，密告韓信謀反。劉邦採納了身邊的謀臣陳平的計策，他假稱自己準備巡遊雲夢（雲夢是當時著名遊獵區），要各地諸侯到陳縣（今河南的淮陽）相會。韓信不知是計，親身前往，當場被劉邦下令逮捕。

韓信被押解到洛陽後，劉邦想起他昔日跟自己南征北戰，立下了汗馬功勞，就下令將韓信免罪釋放，貶為淮陰侯。後來，劉邦定都長安，韓信就閒居長安，無所事事。他看到過去曾經是自己部下的周勃、灌嬰、樊噲等人，一個個都位居列侯，跟自己平起平坐，很是不服。因此，經常稱病不上朝。

劉邦知道韓信心懷不滿。一天，劉邦派人把韓信召進宮來，閒談中，劉邦叫韓信評論一下朝中諸將的才能。韓信就毫不客氣地將周勃等人一一評說了一番，幾乎沒有一個人被他看上眼。劉邦聽後，就笑著問韓信：「如果我去帶兵，你看能帶多少人？」劉邦這句話觸動了韓信，他不假思索就脫口而出：「陛下如果帶兵，我看最多不過十萬人。」劉邦馬上又問：「那你能帶多少呢？」韓信說：「臣帶兵是多多益善。」劉邦一聽，不禁放聲大笑，說：「你既然帶兵多多益善，遠勝於我，為什麼反而被我擒住呢？」韓信自知失言，忙說：「陛下雖然不善於帶兵，但是善於帶將，這是臣所以被陛下生擒的原因。」

這次談話，結果當然是不歡而散。韓信高傲的性格和流露出來的不滿情緒，更加深了君臣之間的隔閡。

西元前一九七年，趙相國陽夏侯陳希起兵謀反，劉邦親率大軍前去討伐。韓信想乘機在長安發動兵變，誰知還未動手，就被人告發。皇后呂雉和留守後方的丞相蕭何用計把韓信騙進宮中，當場逮捕，並在長樂宮密室將其處死。

後人用一句成語概括了韓信的一生，叫「成也蕭何，敗也蕭何」。早年，韓信投奔劉邦，一時不受重用，曾棄劉而走。是蕭何月下追韓信，並說服劉邦，將韓信封為大將。楚漢相爭期間，韓信統率漢軍，所向無敵，沒想到一世英雄，竟落了個晚節不保。

泰山鴻毛

此典出自司馬遷《報任少卿書》：「人固有一死，或重於泰山，或輕於鴻毛，用之所趨異也。」

這段文字出自司馬遷的一封信，這段話的意思是：人誰都免不了一死，但是有的死比泰山還重，有的死比鴻雁毛還輕。它這裡面包含著非常深刻的人生哲理。

司馬遷是西漢太史令司馬談的兒子，大約出生在西元前一四五年或一三五年，而何時去世，至今還沒有一個準確的記載。

西元前一一〇年，司馬遷的父親臨終囑咐他，要他繼承太史令的事業，寫出一部完整的通史。

西元前一〇八年，司馬遷做了太史令後，便開始在皇宮的皇家藏書樓檢索圖書。司馬遷這個人特別勤奮刻苦，每天早出晚歸，在一堆堆的木簡和絹書中查閱和整理歷史資料。經過四五年時間的整理和考證，他便開始構思，動手寫《太史公書》。《太史公書》就是我們今天所說的《史記》。

就在司馬遷日夜埋頭寫《太史公書》的時候，朝廷出了一件事。西漢名將李廣的孫子李陵率五千精兵出擊匈奴，結果寡不敵眾，李陵被俘後投降了。漢武帝為了這件事十分憤怒，他身邊的大臣們也都把責任推到了李陵身上。漢武帝徵求司馬遷的意見時，司馬遷認為李陵作戰勇敢，以五千人打敗了匈奴幾萬騎兵，最後是在寡不敵眾、糧盡援絕的情況下才敗降的，所以，不應該治罪。漢武帝因司馬遷為李陵說情，非常生氣，就下令將司馬遷處以「腐刑」，就是我們今天所說的「閹割」。

漢武帝為了利用司馬遷的才華，任命司馬遷為中書令，而這個職務原來一直是由太監擔任的。司馬遷為了完成《史記》的撰寫，忍受了侮辱和迫害，身心都受到了極大的摧殘。

司馬遷受刑後，老朋友任安曾寫信勸他，司馬遷一直沒有給他回信。後來，他聽說任安也因故被下了大獄，這才覆信。這封信就是著名的《報任少卿書》。在信中，司馬遷回顧了自己的遭遇，表示自己所以蒙受恥辱後還頑強地活著，就是為了實現自己的願望。

「泰山鴻毛」就出於這封信中。司馬遷在這句話的自勉下，經過了十三年的寒來暑往，最終完成了中國第一部完整的紀傳體通史——《史記》。

李廣射虎

說起西漢名將李廣，熟悉這段歷史的朋友馬上就會聯想到許多關於李廣的典故，如「李廣射虎」、「射虎南山」、「李廣難封」、「飛將難封」、「李廣不侯」，等等。這些典故，多數都出自《史記・李將軍列傳》。

李廣（前一八一至前一一九），隴西成紀（今甘肅省靜寧西南）人。他是秦朝李信將軍的後代。由於祖祖輩輩精通騎射，李廣很小的時候就學會了騎馬射箭，練就一身的好武藝。

西元前一六六年的冬天，匈奴十四萬騎兵大舉進犯邊境，李廣因作戰勇敢升任中郎將，經常隨漢文帝護駕。漢景帝即位後，李廣出任隴西都尉、騎郎將，曾隨周亞夫討平「吳楚七國之亂」。由於他功高顯赫，出任七郡太守（七郡就是上谷、上郡、隴西、北地、雁門、代郡和雲中），為守衛西漢邊防作出了重要貢獻。漢武帝時，李廣官至前將軍。到西元前一一九年，他隨大將軍衛青進軍漠北，因為迷路，誤了時間而憤愧自殺。

李廣一生與匈奴激戰七十多次，威震邊疆，匈奴畏他如猛虎，給他送了兩個外號，一個叫「飛將軍」，另一個叫「猿臂將軍」。

今天，我們在這裡說起李廣，還要順便說他愛兵如子，深受將士擁戴的事。讀過《李將軍列傳》的朋友，不難發現，李廣將軍他處處身先士卒，同甘共苦。司馬遷在撰寫《李將軍列傳》時，用了很多褒揚之辭。如：

得賞賜輒分其麾下，家無餘財，終不言家事，飲食與士共之。暑不張蓋，寒不重衣，險必下步，軍井成而後飲，軍食熟而後飯，軍壘成而後舍，勞逸必以身同之。軍中自是服其勇，士以此愛樂為用。

司馬遷對李廣將軍給予了最熱情的讚揚。但是今天我們在讚揚李廣愛兵如子的同時，又不能不說到李廣有的做法也不可取。李廣這個人不太講究以法治軍，不嚴格要求部下將士，也不太重視軍容。那麼作為一位大將，沒有嚴明的法度，就不可能形成戰鬥力。孫子說：「令之以文，齊之以武，是謂必取。」而這才是真正的治軍之道。

運籌帷幄

此典出自《史記．高祖本紀》：「夫運籌策帷幄之中，決勝於千里之外，吾不如子房。」

這段文字出自《史記．高祖本紀》，是劉邦說的一段話。大意是：若論在軍帳中策劃和運用克敵制勝的謀略，劉邦認為自己不如張良。這就是「運籌帷幄」這個典故的由來。

西元前二〇七年，劉邦率領的起義軍推翻了秦朝的統治，從此與楚霸王項羽展開了爭奪天下的戰爭。

在楚漢相爭的最初歲月中，劉邦好幾次被項羽打得損兵折將，潰不成軍。西元前二〇五年，楚漢兩軍在彭城（今徐州）交戰，漢軍全線崩潰，傷亡將士二十多萬人，連劉邦的父母和妻子都被楚軍俘獲了。劉邦自己一直跑到河南滎陽才站住腳跟。

「彭城之戰」的慘重失敗，使劉邦幾乎失去了勝利的信心。他在途中對謀臣張良說：「函谷關以東的地方，我準備不要了。你看送給什麼人，可以使他們為我建功立業？」

張良說：「大將韓信善於用兵，屢戰屢勝；楚九江王英布和項羽有矛盾；魏相國彭越是一個能征善戰的猛將。您就送給這三個人吧！如果他們能夠為您出力，項羽就沒有了安寧的日子，最後一定會失敗。」

劉邦根據張良的謀劃，聯絡彭越，策動英布背叛項羽，同時命韓信與他們相呼應，加緊對項羽後方進行騷擾和進攻。到西元前二〇三年，項羽被迫與劉邦停戰講和，雙方確定以鴻溝為界。鴻溝在今天的河南省境內，是溝通黃河與潁水的古運河。

平分天下的和約締結以後，項羽就踏上了東歸之路，劉邦也準備率軍返回關中。此時又是張良深謀遠慮。他和陳平一起勸說劉邦，不要放虎歸山，要窮追猛打，將項羽一舉消滅。劉邦覺得張良的意見很有道理，就調回大軍開始追擊項羽，一直追到陽夏。

西元前二〇二年，項羽在垓下（今安徽靈璧南）陷入漢軍重圍。項羽突圍無望，兵敗自殺。劉邦經過五年的艱苦奮戰，終於統一了天下。

在慶功大會上，劉邦論功行賞。他當著文武百官的面說：「子房（張良）雖然沒有上陣打仗，但他運籌帷幄之中，決勝千里之外，建立了特殊的功勳。」劉邦當即宣布封賞張良齊地三萬戶，被張良謝絕，最後張良被封為留侯。

堅壁清野

此典出自《三國志．魏書．荀魄敬攸賈詡傳》：「今東方皆以收麥，必堅壁清野以待將軍，將軍攻之不拔，略之無獲，不出十日，則十萬之眾未戰而自困耳。」

這段文字的大意是說，要加固防禦工事，將四野的居民、物資全部轉移、收藏，使敵人一無所獲，站不住腳。這是對付優勢之敵的一種作戰方法，也是「堅壁清野」這個典故的最早出處。

東漢末年，曹操在鎮壓黃巾起義軍後，占據了兗州地區，威震山東。接著曹操準備揮師東進，奪取徐州這個策略要地。

曹操東征，後方空虛。兗州豪強張邈勾結呂布，襲取了兗州大部分地區，並占領了濮陽。這樣，整個兗州地區只剩鄄城、東阿、範縣三處沒有被攻破。當時，守衛這三處城池的是曹操的謀士荀彧。曹操得到消息後，十分惱怒。因為，丟了兗州根據地，形勢變得對曹操十分不利。於是，曹操急忙從徐州撤兵回來，向屯駐濮陽的呂布發起反攻。

然而，呂布是員虎將，他的部下也不弱。曹軍怎麼攻打，都無法取勝。雙方相持了好長時間，最後，各自的糧草都快沒有了。無奈之下，雙方只好各自收兵。

此後不久，徐州牧陶謙病死了。陶謙臨死時，把徐州托讓給了劉備。消息傳到曹營後，曹操爭奪徐州的心情更為急迫。他準備先打下徐州，然後再回過頭來消滅呂布。這時，謀士荀彧忙勸阻曹操說：「以前高祖保住關中，光武帝據有河內，都是有了牢固的根據地。進可以勝敵，退可以堅守，才能夠得天下。如今，將軍為什麼不顧兗州而去攻打徐州呢？」

曹操認為，陶謙剛死，徐州民心浮動，攻取不難。荀彧卻說：「我看未必。眼下正值麥收季節，徐州方面已經組織人力，加緊搶割城外的麥子，運進城去。這分明是對可能發生的戰爭有所準備。收完了麥子，對方必然還要星夜加固營壘，強化防禦工事，以應付萬一。四野的居民、物資，也會全部轉移、收藏。這樣，軍隊開到那裡，勢必無法立足，反而讓徐州的劉備贏得主動。」說到這裡，荀彧進一步提醒曹操，他說：「對方『堅壁清野』，固壘以待我軍。到那裡，將軍攻不能克，掠無所得，不出十天，全軍就要不戰自潰了……為防呂布再次乘虛而入，我方需多留兵力。而這樣，攻打徐州的兵力就會不足。但如果少留兵力，又不能保證守住鄄城。如果弄得兗州盡失，徐州又未取，這豈不是一舉兩失了！」曹操聽了荀彧的話後，十分佩服，決定暫不分兵東進，只與呂布對壘。後來，曹操果然大敗呂布，平定了兗州，鞏固了後方根據地。為日後削平各地割據勢力，統一中原，奠定了基礎。

人自為戰

此典出自《史記．淮陰侯列傳》：「信曰：『……此所謂『驅市人而戰之』，其勢非置之死地，使人人自為戰；今予之生地，皆走，寧尚可得而用之乎。」

上面的這段話，可以說是成語「人自為戰」的典源。原文的意思是：韓信對眾將官說，這是激勵全軍將士努力作戰的一種辦法。把軍隊放置於被稱作死地的地方，就會使全軍人人為求生存而殊死戰鬥，從而贏得生的機會。

西元前二〇四年，漢大將韓信領兵攻打趙國。趙王帶大將陳餘在井陘（今河北省井陘）布置了二十萬大軍，準備抵抗漢軍。由於漢軍兵少，韓信決定撥出一萬人，背水列陣。韓信的部下十分不解，又不敢多問，只好執行命令。而陳餘看後心中暗喜，笑韓信不會用兵。第二天，漢趙兩軍一交手，韓信就退走，趙軍隨後追殺過來。漢軍退至河邊預設的陣地，官兵們見已無退路可走，轉過身來，殊死拚殺，真可謂以一當十，以十當百，個個奮勇，一時間頂住了趙軍的攻擊。趙軍雖然兵多，卻無法一下子吃掉頑強的漢軍，雙方你爭我奪，處在膠著狀態。這時，趙軍後方突然大亂，剛才還向前進攻的趙軍，開始紛紛後退。原來，韓信早在前一天夜裡祕密派出的二千名騎兵，此時從趙軍背後發起了襲擊。趙軍腹背受敵，軍心大亂，士兵紛紛敗走。儘管趙軍統帥當場斬殺了多名士兵，也無法阻止「兵敗如山倒」的趨勢。在漢軍的兩面夾擊下，趙軍土崩瓦解，主將陳餘死於亂軍之中，趙王也成了漢軍的俘虜。

戰後，韓信的部下問：「兵法上講，預設戰場要依山傍水。這次，將軍卻令我們背水布陣，等於把軍隊置於死地，可結果卻打勝了，這是什麼道理呢？」韓信回答：「這種戰法，兵法上也講過，只是你們沒有注意到而已。兵法上不是說，軍隊陷於死地可以後生，置於亡地可以後存嗎？我不過是沒有拘泥於前人的經驗，而是採取了一種新的激勵士兵努力作戰的方法。」接著，韓信就說出了文中開頭所提的那段話。

「人自為戰」，原來意思是講，每個人為求自己的生存，而奮力地去戰鬥。在以後的實際運用中，逐漸地又賦予了它新的含義。

胯下之辱

此典出自《史記．淮陰侯列傳》：「淮陰屠中少年有辱信者，曰：『若雖長大，好帶刀劍，中情怯耳。』眾辱之，曰：『信能死，刺我；不能死，出我胯下。』於是信孰視之，俯出胯下，蒲伏。一市人皆笑信，以為怯。」

「胯下之辱」是說一個人從別人兩腿之間處爬過去，這被視為是奇恥大辱。

這是漢朝開國功臣韓信早年親身經歷的一件事。韓信是今江蘇淮陰人，當他還是一個貧民百姓時，家境貧寒，本人由於既不能為官，又不會經商，經常吃不飽飯，時不時地要靠別人接濟飯食，過著寄人籬下的生活，為當地人所瞧不起。

一天，城中殺豬賣肉的幾個人圍住韓信。其中，一人用手指著韓信的鼻子說：「看你雖然長得身材高大，還背著刀劍，其實，你卻是一個膽小鬼。」據史書上講，韓信身長八尺五寸，當然那是舊尺寸。因是韓王的後代，所以經常帶著佩劍出沒於市井之中。在那些圍住韓信的市井無賴中，有一高個子，扯著嗓門喊叫：「你小子要是不怕死，就來刺我一刀；你小子要是怕死，就從我胯下爬過去。」說著他又開兩條腿，用手指指自己的胯下。周圍的那幫人在一旁起鬨：「爬過去，爬過去。」韓信聽了，一聲不響，他仔細地看了看那個高個子無賴，又看了看其他幾個人，便伏下身子，從那高個子的胯下慢慢地爬了過去。看熱鬧的人圍了一圈，大家都哈哈大笑，譏笑韓信是一個十足的膽小鬼。韓信仍然是面無表情，默不作聲，心裡卻牢牢地記下了這一奇恥大辱。

後來，各地起兵反秦。韓信先是投靠西楚霸王項羽。項羽只給了韓信一個微不足道的官職——郎中。韓信多次獻計給項羽，項羽由於在心裡看不起他，都沒有採納。於是韓信轉而投奔漢王劉邦。劉邦開始也對韓信不以為然，常拿韓信「胯下之辱」的歷史來搪塞舉薦韓信的人，意思是說，這種人還能成大器嗎？

丞相蕭何慧眼識人，認為韓信是個奇才，極力向劉邦推薦，還不顧年邁，月下追回懷才不遇，又想出走的韓信。劉邦無奈，懷著試試看的心理，拜韓信為破楚大將軍。拜將後，劉邦認真地與韓信作了一番對話，這才對韓信有了新的認識。韓信果然不辱使命，幫助劉邦最終戰勝了項羽，建立了漢朝。

劉邦統一天下後，封韓信為楚王，淮陰是他的屬地。韓信回到家鄉，把當年那些曾侮辱過他的人嚇得半死，特別是那個高個子，自認為必死無疑。沒想到韓信卻把他召來封了個軍職——中尉，韓信對眾將說：「當年他侮辱我時，我所以沒有殺他，是因為殺了他並不會帶來好處。現在也是如此，而我正是忍了，才有了今天。」

此後，人們就用「胯下之辱」比喻有才能的人，能暫時忍受恥辱，並終成大器。

匹夫之勇

漢高祖劉邦為韓信登壇拜將事畢，劉邦問韓信：「丞相蕭何等人在我面前多次稱讚將軍，說你雄才大略，經天緯地，是曠世奇才，將軍對我有何指教呢？」韓信說：「現在能與大王爭奪天下的，只有項羽。大王估計自己的勇猛強悍，比項羽又如何呢？」

劉邦沉默了一會兒，說：「那我遠遠不如他。」韓信聽後躬身下拜，恭恭敬敬地說：「大王真有自知之明，我也認為大王不如項羽。但是，我在項羽手下做過事，我對他的性格、作風、才能、品行，知道得清清楚楚。項羽可以說是叱吒風雲，他的一聲大喝，就能嚇退千軍。但是他有一個致命的弱點，就是不會用人。賢臣良將，在他的手下，一籌莫展，毫無用武之地。所以說，項羽雖勇，只是匹夫之勇。項羽待人也是恭敬和仁義的，他關愛部屬，遇到將士患有疾病，他能問暖問寒，關注飲食起居。但是，當部屬有功該分封行賞時，他卻常常捨不得，這種仁其實只是婦人之仁。」接著，韓信又指出項羽背信和濫殺無辜的不義。最後總結說項羽的勇，只是匹夫之勇，項羽的仁只是婦人之仁，所過之處，燒殺搶擄，村廬盡墟，盡失人心。如果漢王能反其道而行之，攬天下賢才，任武功強將，以天下城邑，封有功之臣，讓人心悅服，得到天下並非難事。劉邦聽後大喜，自認為與韓信相見恨晚，對韓信是言聽計從。

後來，劉邦打敗項羽，做了皇帝，在洛陽宮大宴群臣時說：「我所以能成功，取得天下，是我能知人也能用人。運籌帷幄之中，決勝千里之外，我不如張良；鎮守國家，安撫百姓，籌劃糧草，整理財政，我不如蕭何；上陣打仗，攻城拔寨，率百萬之師戰必勝，攻必克，我不如韓信。這三人都是人中之傑，我能用此三傑。而項羽只有一個范增，還不能用，天下怎麼能不屬於我呢！」

說到這裡，我們不能不提一下項羽。項羽可以說是一位失敗的英雄。他二十四歲在江東起兵反秦，二十六歲奪得秦朝政權。接著楚漢戰爭，他與劉邦交手四年，最後敗在劉邦手下。死時也不過三十歲出頭。遺憾的是，究竟為何失敗，他臨死尚不覺悟，仰天高呼：「天之亡我，非用兵之罪。」司馬遷批評他，說他最大的錯誤是自矜功伐，不肯納諫，欲以武力經營天下。所以，今天人們稱那些沒有深謀遠慮，又聽不進別人意見，只憑武力用事的人為匹夫之勇。

彘肩斗酒

成語「彘肩斗酒」源自「鴻門宴」的故事。在鴻門宴上，項莊拔劍起舞，欲殺劉邦，項伯暗中盡力用自己的身體掩護，但項莊咄咄逼人，形勢萬分危急。劉邦的謀士張良見勢不妙，趕緊走出帳外，把消息告訴了負責劉邦安全的猛將樊噲。

樊噲與劉邦是同鄉，早年以殺狗賣肉為生，後來跟隨劉邦起兵，出生入死，戰功卓著，很受劉邦器重。樊噲與劉邦還有一層關係，樊噲的妻子呂須與劉邦的夫人呂雉是親戚。所以，在劉邦的諸多將領中，樊噲被認為是最親近的。

樊噲聽張良一說，頓時急了，立即持劍握盾闖入項羽的軍帳。兩側持戟的衛士制止樊噲，不讓他進去。樊噲側著盾牌撞過去，兩側的衛士紛紛倒地。樊噲闖入軍帳內，靠著帷帳向西站著，憤怒地瞪起眼睛，怒視項羽，頭髮都豎了起來，眼角也張裂流著鮮血。項羽按劍問道：「這個大漢是什麼人？」張良回答：「他是劉邦的武士，名叫樊噲。」項羽說：「真是一個壯士，快給他拿酒。」手下人立即給樊噲送來一斗酒，樊噲謝了項羽，一飲而盡。項羽又說：「送給他豬肩。」手下人立即送上一隻生豬肩，樊噲把盾牌扣到地上，把生豬肩放在盾上，拔劍切肉，大口吃起來。項羽說：「壯士，還能再喝酒嗎？」樊噲回答：「我連死都不怕，喝幾斗酒算什麼！」樊噲的言行震懾了項羽及手下的武將們，項莊等人一時不知如何是好。劉邦藉機上廁所，走出項羽的軍帳，連來時坐的車都不要了，獨自騎馬逃離了鴻門。樊噲呢，也不辭而別，匆忙離開，抄小路返回了自己的營地。

「彘肩斗酒」就源於這個典故。「彘」，是指豬。後來人們用這個典故，形容某人言行豪壯，英勇無畏。

老當益壯

此典出自《後漢書．馬援列傳》：「援……嘗謂賓客曰：『丈夫為志，窮當益堅，老當益壯。』」

這段文字的意思是：馬援曾經對他的賓客們講，大丈夫要胸懷大志，貧窮時要意志更堅定，年老時要志向更加高遠。而馬援正是用自己的一生實踐了這一諾言。

馬援出身將門，先祖是戰國後期趙國的名將趙奢。在趙國，趙奢的戰功可與廉頗、藺相如相比，因此被封為馬服君，他的後人也以此為榮，索性以馬作為姓氏。後來，馬援的曾祖父馬通因為參與宮廷內部紛爭，事敗後被殺，從此家道敗落。馬援幼年父母就已亡故，十二歲時獨自跑到塞外以放牧為生。不久，馬氏家族的人紛紛前來歸附他，大約有百家賓客跟隨他在陝西、甘肅一帶遊牧，這就是馬援的家為什麼會在關中西部扶風縣的由來。年少歷經坎坷，遊蹤又遍於西北各地，開闊了馬援的視野，也養成了他的大器胸懷。數年後，馬援已擁有牛、馬、羊數千頭，糧穀萬擔，但他並不貪戀錢財，而是全部散發給親朋故舊，自己常年穿著一身羊皮衣服，過著極其簡樸的生活。從軍後，馬援也以同樣的態度對待自己的部下。一次戰鬥，馬援身先士卒，揮軍搏殺敵方千餘名，自己腿部被箭射穿。漢光武帝劉秀特下令嘉獎，賞賜他牛羊數千頭，馬援全部分給了部將和士卒。他常說：「錢、財、物，可貴的是可以用來救助他人，可悲的是淪為它的奴隸。」這句話不僅表達了馬援對待物慾的態度，也反映了他不同凡響的志向和抱負。

馬援早年從軍，追隨漢光武帝劉秀東征西討，馳騁疆場。他文武兼備，治軍有方，謀略過人，屢建奇功。劉秀非常器重馬援，經常召他商討軍機大事。據史書記載，馬援「每有新謀，未嘗不用」。馬援在軍中威信也很高，諸將領對某事有疑義或爭論，也往往請教馬援或由他裁定。由於戰功顯著，馬援先是被封為伏波將軍，後授新息侯。此刻，他可以說是功成名就，衣錦還鄉。西元四十七年，在武陵，也就是今天湖南省常德市西一帶髮生大規模的反漢叛亂，劉秀兩次派兵平叛，第一次漢軍全軍覆滅；第二次損兵折將，連遭敗績，當時滿朝文武都一籌莫展。馬援聽到消息，從病榻上一躍而起，再次請纓出征。這年馬援已六十二歲。劉秀認為馬援年事已高，不想讓他去，但經不住他堅決要求，只好說讓他當場試試。馬援縱身上馬，據鞍回顧，不減當年雄姿。劉秀不禁笑道：「矍鑠哉是翁也！」後來，「矍鑠」

一詞就被用來形容老人很有精神的樣子。

劉秀欣然任命馬援為領軍統帥。馬援深知此行艱難，啟程前特意與親友一一訣別。他對知交杜情說：「我受國家厚恩，經常擔心不能為國事而亡，今天終於如願，可以無所牽掛地瞑目了。」出師後，馬援慎重出戰，首戰殺敵兩千；接著乘勝追擊，直趨叛軍大本營。由於叛軍據險抵抗，漢軍數次進攻不利，雙方進入僵持局面。這時天氣日益炎熱，北方官兵不習南方水土，加上瘟疫流行，軍中不少人相繼生病，馬援也身染重疾。於是，軍中有人建議暫時退兵，馬援認為堅持就是勝利。他鎮定自若，為激勵將士，不畏酷暑，每日親臨前線觀察敵情，指揮作戰。沒過多久，馬援終因年邁體衰，病逝於軍中，終年六十三歲。馬援去世不久，叛軍也因斷糧缺水而投降。馬援雖然沒有親眼看到戰役結局，但勝利的基礎卻是由他奠定的。

可悲的是，馬援死後，竟遭到個別部下和朝中小人的誣陷。劉秀不分清濁，下令追回新息侯印綬，子孫不得襲爵食封。一代名將死後，賓客、同僚、故人竟然不敢憑弔。馬援的妻子只好買了幾畝地，草草安葬了這位老當益壯、馬革裹屍的軍人。

千秋功罪，自有後人評說。西元七十四年，馬援終於得以平反昭雪，被追封為「忠成侯」。

民生凋敝

「民生凋敝」形容社會經濟衰敗，百姓生活極端困苦。

此典出自《漢書．循吏傳》：「孝武之世，外攘四夷，內改法度，民用凋敝，奸宄不禁。」

西漢武帝劉徹在位四十七年，是西漢皇帝中的一位佼佼者。他在位期間，徵收商人資產稅，打擊富商大賈，同時興修水利，移民西北屯田，促進農業的發展。他曾派張騫兩次出使西域，加強了對西域的統治，並發展了經濟文化交流。

但是，漢武帝崇尚武力，因此他在位期間，不斷髮起戰爭。雖然這些戰爭打擊了匈奴貴族，保障了北方經濟文化的發展，但頻繁的戰爭也消耗了大量的人力財力，使人民遭到了嚴重的災難。

《漢書》作者班固在編寫《循吏傳》時指出：「漢武帝在位期間，接二連三地對外用兵，內政也必須適應戰爭需要，軍費開支巨大，廣大農民負擔沉重，以致民生凋敝，犯罪行為增多。」

調虎離山

「調虎離山」比喻用計謀使對方離開原來的有利地位。

此典出自《西遊記》第五十三回：「才然來，我使個調虎離山之計，哄你出來爭戰，卻著我師弟取水去了。」

唐僧師徒去西天取經，途中看到一條小河，清水澄澄，寒波湛湛。唐僧看河水挺清的，一時口渴，便叫八戒舀些水來喝。八戒取出鉢盂，舀了一鉢，唐僧喝了一小半，剩下的一大半被八戒一氣喝個精光。一會兒，唐僧、八戒都叫：「腹痛！」又過一會兒，八戒、唐僧呻吟不已，大叫「痛得很！」又過了一會兒，疼痛難忍，肚子漸漸大了起來。又過了一會兒，肚內似有一血團肉塊，不住地亂動。見到這種情況，孫悟空攙著唐僧，沙僧扶著八戒到一草舍尋醫治病。悟空將事情的經過講給一位婆婆聽，那婆婆聽了哈哈大笑道：「剛才你師父喝的是子母河的水，喝了那水便成胎氣，過幾天要生孩子的。」唐僧聽了，大驚失色道：「徒弟呀！這怎麼辦啊！」八戒扭腰撒胯地哼道：「爺爺呀！我怎麼生得出來啊！」婆婆見狀，便對他們說：「離這裡三十里外的地方有一座解陽山，山中有個破兒洞，洞中有個『落胎泉』，必須喝一口那泉水，才能消除胎氣。但如今這泉被如意真仙護住，不送厚禮，你休想得他一滴水。」孫悟空聽了，高興地說：「師父，你放心，待老孫去取水來。」

悟空來到破兒洞取水，那如意真仙非但不給，反而又罵又打。悟空與那仙打了十幾個回合，那仙戰敗，拖著武器如意鉤往山裡跑了。悟空急忙去取水，吊桶剛放下，那仙跑來用如意鉤把悟空鉤倒在地，吊桶也落入井裡。悟空無奈，只得回去叫沙僧來幫忙。

悟空、沙僧一起來取水，悟空對沙僧說：「你先藏起來，等我與那仙交戰正濃時，你乘機取水。」沙僧按計行事。沙僧取到水後，喊道：「大師兄，我已取到水了。」悟空得知，對那仙道：「剛才，我使了調虎離山之計，哄你出來爭戰，卻叫我師弟取水去了。……以後再有人來取水，千萬不要勒索他了。」孫悟空、沙僧取回水給唐僧、八戒喝下去後，胎氣便解了。

七擒七縱

「七擒七縱」比喻運用策略，有效地控制對方，使對方心服口服。

此典出自《三國志．蜀志．諸葛亮傳》：「七縱七禽，而亮猶遣獲，獲止不去，曰：『公天威也，南人不復反矣。』」

蜀主劉備病危，從成都把諸葛亮召到永安，在病榻前對他說：「你的才學，比曹丕高十倍，必能安邦定國，成就大事。我的兒子，你覺得能輔佐就輔佐，如果不能，爽性你自己做西蜀之主吧。」諸葛亮流著眼淚說：「臣敢不效忠貞之節，願竭盡股肱之力，死而後已。」後來，諸葛亮果真竭盡全力地輔保後主劉禪。

劉備死後，夷王高定元等人起兵，反抗蜀漢政權。這對諸葛亮來說，是一個很大的威脅。因為主少國疑，西南地區的夷帥叛變，可以影響到其他地方，只是用軍事力量去鎮壓是不能徹底解決的。所以諸葛亮採取了對外聯吳防魏，對內提倡生產的政策，等到諸葛亮把一切都安排妥當後，才發兵攻伐南夷。

諸葛亮採用了分化的策略，使敵人先起內訌。高定元的部將殺了雍闓，然後高定元也被攻破。這時代替雍闓而起的夷帥是孟獲。

孟獲的軍隊駐紮在瀘水（即金沙江）之南。時值五月，瀘水險惡而不易渡。諸葛亮找了當地土人做嚮導，渡過瀘水，生擒了孟獲。見他不服，又把他放走。

諸葛亮知道，西南地區地遠山險，民心不服已久。殺了孟獲，並不能解決問題，只會引起南人的憎恨。大軍一走，還會再起叛亂。只有使他們的首領心悅誠服，才是平服南夷的好辦法。這樣，在雙方交戰的過程中，諸葛亮活捉了孟獲七次，又放了他七次，終於使這位強悍、勇猛的首領心服口服，一再表示從此以後南人絕不再與蜀漢為敵了。

電子書購買

國家圖書館出版品預行編目資料

那些成語典故中的戰爭大小事：史記 × 左傳 × 三國志 × 戰國策，穿梭於先秦到晚清的文化典籍，87 個引人深思的歷史故事 / 歐陽翰，周治主編 . -- 第一版 . -- 臺北市：崧燁文化事業有限公司 , 2023.02
面；　公分
POD 版
ISBN 978-626-357-012-2(平裝)
1.CST: 中國史 2.CST: 歷史故事
610.9　　111020718

那些成語典故中的戰爭大小事：史記 × 左傳 × 三國志 × 戰國策，穿梭於先秦到晚清的文化典籍，87 個引人深思的歷史故事

臉書

主　　編：歐陽翰，周治
發 行 人：黃振庭
出 版 者：崧燁文化事業有限公司
發 行 者：崧燁文化事業有限公司
E-mail：sonbookservice@gmail.com
粉 絲 頁：https://www.facebook.com/sonbookss/
網　　址：https://sonbook.net/
地　　址：台北市中正區重慶南路一段六十一號八樓 815 室
Rm. 815, 8F., No.61, Sec. 1, Chongqing S. Rd., Zhongzheng Dist., Taipei City 100, Taiwan
電　　話：(02) 2370-3310　　傳　　真：(02) 2388-1990
印　　刷：京峯彩色印刷有限公司（京峰數位）
律師顧問：廣華律師事務所 張珮琦律師

定　　價：299 元
發行日期：2023 年 02 月第一版
◎本書以 POD 印製